Ullstei[n]

ZUM BUCH:

Die Alexander-Technik ist ein Weg der Selbsterkenntnis und Selbstregulierung durch Aufspüren und Auflösen unbewußter stereotyper Verhaltensmuster, die das ganzheitlich-natürliche Funktionieren des psycho-physischen Organismus beeinträchtigen und schädigen. F. M. Alexander (1869–1955) machte seine bahnbrechenden Entdeckungen schon um die Jahrhundertwende. Er stellte den zwei Determinanten *Vererbung* und *Umwelt* den *Gebrauch* des Selbst als gleichrangig dritten Faktor zur Seite. Der Begriff des Selbstgebrauchs bringt ein Element der *freien Entscheidung* ins Spiel, das den Menschen zunehmend aus unbewußter Abhängigkeit von stereotypen neuromuskulären Verspannungsmustern zu lösen vermag, wodurch die in diesen Mustern gebundene Energie zu kreativer Verwendung freigesetzt wird. In einem subtilen Prozeß taktilen und verbalen Feedbacks lernt der AT-Schüler, von den Händen des Lehrers behutsam geleitet, schädliche Verhaltensmuster zu erkennen, zu unterbinden und seinen Organismus durch bewußte innere Ausrichtung mittels mentaler Direktiven neu zu koordinieren und mit geringstmöglichem Energieaufwand optimal zu gebrauchen.

ZUM AUTOR:

Michael Gelb ist ein Mitglied der Gesellschaft der Lehrer der Alexander-Technik und hat eine erfolgreiche private Praxis in Washington D. C. Er wurde in den USA geboren, wo er Psychologie und Philosophie studierte, bevor er nach England kam, um dort an der School of Alexander Studies ausgebildet zu werden. Gelb ist der Direktor des High Performance Learning Centre, einer internationalen Management-Berater-Organisation.

Michael Gelb

Körperdynamik

Eine Einführung in die
Alexander-Technik

Mit 24 Abbildungen

Ullstein

Sachbuch
Ullstein Buch Nr. 35551
im Verlag Ullstein GmbH,
Frankfurt/M – Berlin
Titel der englischen Originalausgabe:
Bodylearning – An Introduction to the
Alexander Technique
Übersetzt von Monika Kind

Neuauflage von UB 34355

Umschlaggestaltung:
Vera Bauer
Unter Verwendung einer Abbildung
vom IFA-Bilderteam – TPL

Printed in Germany 1996
Druck und Verarbeitung:
Ebner Ulm
ISBN 3 548 35551 X

Januar 1996
Gedruckt auf alterungs-
beständigem Papier mit
chlorfrei gebleichtem Zellstoff

Die Deutsche Bibliothek –
CIP-Einheitsaufnahme

Gelb, Michael:
Körperdynamik : eine Einführung in die
Alexander-Technik / Michael Gelb.
[Übers. von Monika Kind]. – Neuaufl.
von UB 34355. – Frankfurt/M ; Berlin :
Ullstein, 1996
(Ullstein-Buch ; Nr. 35551 :
Sachbuch)
Einheitssacht.: Bodylearning <dt.>
ISBN 3-548-35551-X
NE: GT

Inhalt

Vorwort

Ein berühmter amerikanischer Schriftsteller wurde einmal gefragt, ob er das eine oder andere der Bücher von F. M. Alexander gelesen habe. »Nein«, erwiderte er, »ich lese keine Bücher«, und machte eine Pause, während sich ein Lächeln auf seinem Gesicht ausbreitete. Dann fügte er hinzu: »Wissen Sie, ich bin selbst ein Jongleur mit Wörtern.«

Auch Michael Gelb ist ein Jongleur, und nicht nur mit Wörtern. Wie er dazu wurde und wie er Einrad fahren und eine Reihe weiterer Geschicklichkeiten lernte, ist Teil der in diesem Buch erzählten faszinierenden Geschichte.

Eine ständig wachsende Zahl von Menschen hat von der Alexander-Technik gehört und inzwischen auch praktische Erfahrungen damit gemacht; und so besteht eine immer größere Nachfrage nach Information. Die liefert Michael Gelb auf sehr eindrucksvolle Weise. Er erhebt nicht den Anspruch, das endgültige Werk über die Alexander-Technik geschrieben zu haben; vielmehr bietet er eine klare, zeitgemäße Einführung, die auf seiner eigenen Erfahrung mit der Anwendung der Alexander-Technik im täglichen Leben beruht.

Über praktische Verfahrensweisen zu schreiben, ist immer unbefriedigend und kann sogar irreführend sein, da das geschriebene Wort die wesentlichen Erfahrungen nicht vermitteln kann: Deshalb lassen sich praktische Fertigkeiten nicht durch bloße Lektüre erlernen. Bücher können informieren, anregen und unterhalten, aber sie können nicht den praktischen Unterricht ersetzen, solange der Leser nicht schon einen gewissen Grad an Erfahrung mit dem Verfasser teilt. Andererseits sind für das gründliche Verständnis und die richtige Einschätzung praktischer Erfahrungen meist zusätzliche Informationen notwendig. Nicht nur das »Wie« müssen wir kennen, sondern auch das »Warum«. Die Praxis der Alexander-Technik vermittelt viele neue und ungewohnte Erfahrungen; und man braucht, um deren Tragweite zu verstehen, so viel Information wie möglich. Bei dem Versuch der Erklärung eines komplizierten Bewegungsablaufs – zum Beispiel dem des Jonglierens – wird klar, daß dies ein Körper-Geist-Problem ist und daß man eigentlich sehr wenig über die betreffenden Vorgänge weiß. Der Geist beeinflußt offenbar den Körper, doch der Körper beeinflußt gleichermaßen den Geist. Nicht lange, und man beginnt zu verstehen, daß das, was man *denkt*, genauso wichtig ist wie das, was man *tut*. Man muß das Denken ebenso kontrollieren wie das Tun. Da aber Körper und Geist zusammen das »Selbst« ausmachen, kann das Problem buchstäblich als ein Problem der Selbstkontrolle bezeichnet werden. Und wie gewinnt man die? Der alltägliche Fortlauf des Lebens besteht für jeden von uns, und soweit wir wahrnehmen, was geschieht, sagen wir dazu »ja« oder »nein«, geben unsere Zustimmung oder Ablehnung. In einem gewissen Maße treffen wir bewußte Entscheidungen. Doch wenn wir zu dem Problem kommen, etwas Bestimmtes »tun« zu müssen, so wie wir »tun« verstehen – wie treffen wir dann unsere Wahl? Wie gebrauchen wir uns selbst, um sie zu treffen? Das war die entscheidende Frage, die Alexander sich stellte, als er seine klassischen Selbstbeobachtungen durchführte; und seine Antwort lautete, daß wir es nicht wissen – daß wir es nicht mehr wissen als ein Hund oder eine Katze.

Aber wir müssen es wissen; denn die Art und Weise, wie wir uns selbst gebrauchen, bestimmt die Art und Weise, in der unsere körperlich-geistige Gesamtheit, unser »Selbst«, funktioniert. Meistens gebrauchen wir uns selbst in Übereinstimmung mit unseren Gewohnheiten; wir tun, was wir gewohnt sind, und wir tun und denken in gewohnter Weise. Im Laufe des Lebens reagieren wir auf Situationen und Anforderungen in durchaus vorhersehbarer Weise. Wir geben den Vorgängen unsere Zustimmung ohne irgendeine bewußte Wahrnehmung dessen, *was* wir eigentlich tun. Doch haben unsere Gewohnheiten oft alle möglichen schlimmen Folgen: Streß, Überanstrengung, Nervosität und schlechte Gesundheit. Vor allem bewirken sie häufig schlechte Haltung und Bewegung, falsche Atmung und schlechte Verdauung. Wir verlieren unser Gleichgewicht, und das behindert uns sowohl geistig als auch körperlich. Begegnen wir Unvertrautem und Unbekanntem, so wirft uns das aus dem Gleis; wir sind verloren und wissen nicht, wie wir reagieren sollen. Wir unternehmen allerlei Anstrengungen, die aber meistens fehlgeleitet sind und das Gegenteil des Erwünschten bewirken. Dies war Alexanders eigene Erfahrung und dies war das Problem, das er erkannte. Gleichgewicht ist ein grundlegendes menschliches Bedürfnis. Wir müssen Kontrolle über uns gewinnen, nämlich eine bewußte, durchdachte Kontrolle über unsere Reaktionen; doch in erster Linie müssen wir lernen, den Mechanismus des Gleichgewichts zu kontrollieren, und dazu bedarf es sowohl der praktischen Erfahrung wie der theoretischen. Es bedarf auch einer Technik; und eben die gewann Alexander aus seinen Selbstversuchen.

Michael Gelb betrachtet das Problem im Lichte seiner eigenen Erfahrungen und Beobachtungen und macht die Zusammenhänge dadurch verständlicher. Wir alle kennen nur zu gut die Steifheit, Anspannung und Vergeblichkeit von Anstrengungen, die uns beim Erlernen neuer Fertigkeiten befallen. (Man versuche nur einmal, drei Bälle zugleich in der Luft zu jonglieren!) Hier einen besseren Weg zu finden, ist sicher ein Gewinn; doch zweifellos ist unser dringlichstes Problem heutzutage nicht so sehr unsere geringe praktische Geschicklichkeit oder unser häufiges Scheitern bei der Verwirklichung bestimmter Vorhaben, als vielmehr unser allgemein schlechter Gesundheitszustand – die Beeinträchtigung und der Schaden, den wir uns offensichtlich im Verlaufe unseres Lebens selbst zufügen. Unsere schlechten geistigen und körperlichen Gewohnheiten verfestigen sich zunehmend, und wir fühlen uns außerstande, ihnen entgegenzuwirken. Schließlich akzeptieren wir diesen Zustand als unvermeidlich – mit einer Mischung aus Selbstmitleid und Fatalismus. Alexander pflegte zu sagen, daß das Selbstmitleid der Selbstanklage weichen müsse. Es steht in unserer Macht, zu entscheiden, was wir tun – zumindest aber können wir entscheiden, was wir *nicht* tun wollen. Und wenn dem so ist – wenn wir also entscheiden können, wie wir uns selbst verwirklichen – dann können wir es uns nicht leisten, diese Entscheidungsfreiheit in fahrlässiger Weise zu mißachten. Wir müssen herausfinden, wie wir uns ändern können; wir müssen bewußt wahrnehmen lernen, wie wir uns selbst »gebrauchen« wollen, um dann zu entdekken, wie wir uns selbst »gebrauchen« *sollten*. Andernfalls werden wir unser Leben als bloße Sklaven der Gewohnheit und als willenlose Werkzeuge des Zufalls fristen.

Die Alexander-Technik, von der dieses Buch handelt, eröffnet eine bessere Aussicht: Sie gibt uns *Mittel* in die Hand, *wodurch* wir die notwendigen Veränderungen bewirken können.

Walter Carrington
Direktor des *Constructing Teaching Centre*, London

Danksagung

Ich möchte allen Alexander-Lehrern Dank sagen, besonders Krii Ackers, Mike Birley, Don und Carmen Burton, Jean Clark, Margaret Farrar, Mary Holland, John Nicholls, Frank Sheldon, Jean Shepherd, Robin Simmons, Chris Stevens und Sue Thame.

Außerdem gehört mein besonderer Dank: Paul Collins und Elizabeth Rajna Collins dafür, daß sie mir ermöglicht haben, ein Lehrer der Alexander-Technik zu werden und ein Pionier der »Application Approach«; Walter Carrington und Peggy Williams dafür, daß sie mir hervorragende Standardkenntnisse in der Ausübung der Alexander-Technik beigebracht haben; Isobel McGilvray dafür, daß sie mir ihre magischen Kräfte vermittelte; Tony Buzan für sein Einfühlungsvermögen und seine Weitsicht; und Bridget Belgrave für ihre Liebe, Unterstützung und die Auswahl der Abbildungen.

Zuletzt möchte ich gern denjenigen danken, die an der Erstellung dieses Buches mitgewirkt haben: Diane Aubrey, Vee und Jack Burton, Angela Caine, Neil Clitheroe, Michael Haggiag, Brian Helweg-Larsen, Leah Landau, Ray Martin, Tony Pearce, Christopher Pick, Anita Gelb, Peter Russell und Mrs. Peter Scott.

Einleitung

Was ist Alexander-Technik, und wie kann sie mir helfen? Ich habe diese Frage Hunderte von Malen gehört, seit ich selbst sie im Jahre 1972 zum erstenmal stellte. Damals hatte ich entdeckt, daß es leichter war, herauszufinden, was die Technik *nicht* ist. Nach der Meinung von Freunden, die Alexanders Werk studiert hatten, war sie nicht wie Yoga, Massage oder östliche Psycho-Philosophie; es gab in ihr keine Übungen, und sie war weitaus raffinierter als das übliche Haltungs- oder Entspannungstraining. Meine Freunde meinten, daß ich niemals recht verstehen würde, worum es in der Technik eigentlich ging, bevor ich nicht ein paar Unterrichtsstunden genommen hätte. Ich befolgte ihren Rat und langsam wurde mir klar, warum es ihnen so schwer fiel, die Technik zu definieren und zu beschreiben.

Die Alexander-Technik entzieht sich präziser Definition, da sie eine neue Erfahrung vermittelt – die Erfahrung nämlich, sich selbst nach und nach von der Herrschaft tiefsitzender Gewohnheiten zu befreien. Jeder Versuch, diese Erfahrung in Worte zu fassen, ist naturgemäß so beschränkt, wie es etwa der Versuch wäre, jemandem, der nie eine Note gehört hat, Musik zu erklären. Dessenungeachtet schien es mir der Mühe wert, den Versuch zu wagen; schon weil frühere Beschreibungen der Technik sich in engeren Grenzen hielten, als mir nötig schien und ich spürte, daß es möglich sein müsse, dem gedruckten Wort neue Möglichkeiten abzugewinnen. So ist das vorliegende Buch eben jenes, das mir fehlte, als ich die Technik zu studieren begann. Es entstand als Teil meiner Magisterarbeit, während ich mich gleichzeitig mitten in der Ausbildung zum Alexander-Lehrer befand. Die Arbeit war in einem ziemlich vorsichtigen Stil geschrieben, voller Wendungen wie »ich nehme an« und »man könnte sagen, daß«. Nachdem ich meine Magisterarbeit vorgelegt hatte, habe ich mich als Alexander-Lehrer qualifiziert und eine Menge Erfahrungen sammeln können. Ich habe ein tieferes Verständnis der Technik gewonnen, und ihre Anwendung ist jetzt ein integrierender Teil meines täglichen Lebens. Bei der Neufassung des Manuskripts für die Veröffentlichung in Buchform habe ich einige Beschreibungen meiner Erfahrungen als Lehrer eingefügt und ich fand große Genugtuung daran, jene vorsichtigen Ausdrücke zu tilgen; denn wo ich einst geschrieben hatte: »Ich nehme an«, glaube ich jetzt, zu *wissen*.

Also, was ist die Alexander-Technik ...?

Die beste formale Definition liefert Dr. Frank Jones, der frühere Leiter des Instituts für psychologische Forschung der Universität von Tufts. Er beschrieb die Technik als »ein Mittel, stereotype Reaktionsmuster durch Unterlassung bestimmter Haltungsweisen zu verändern«[1]. Er beschrieb sie weiter als »eine Methode zur Erweiterung des Bewußtseins, bei welcher sowohl das ›Hemmen‹ (*inhibition*) als auch die ›Erregung‹ (*excitation*) berücksichtigt werden, (d. h. das ›Nichtstun‹ wie das ›Tun‹), wodurch eine bessere Integration der unwillkürlichen und willkürlichen Elemente in einem Reaktionsmuster gewährleistet wird«[2]. Meine bevorzugte Definition jedoch wurde von Gertrude Steins Bruder Leo geprägt; er nannte die Technik »die aufs Leben angewandte Methode, den Ball im Auge zu behalten«[3]. Die Alexander-Technik kann Menschen auf unterschiedliche Weise helfen. Im allgemeinen scheinen es hauptsächlich drei Beweggründe zu sein, aus denen sich die Leute Alexander-Lehrern anvertrauen.

Erstens: Schmerzen. Leute mit Rückenschmerzen, steifem Nacken, Asthma, Kopfweh, Depressionen und zahlreichen anderen Beschwerden finden oft ihren Weg zu einem Alexander-Lehrer, nachdem sie alle konventionellen Behandlungsmethoden durchprobiert haben. Diese Beschwerden sind häufig das Ergebnis schlechter Bewegungsgewohnheiten und können durch Umerziehung behoben werden.

Zweitens: die interpretierenden und darstellenden Künste und die damit zusammenhängende Entwicklung besonderer Fertigkeiten. Schlechte Gewohnheiten, die oft das Resultat von allgemeinem schlechten »Gebrauch« des Körpers sind, erfahren eine Verstärkung, wenn jemand regelmäßig eine komplizierte oder subtile Tätigkeit ausübt. Atemlose Schauspieler, Geiger mit gelähmter linker Schulter, Oboisten mit steifer Oberlippe und Sportler mit Tennisellenbogen – sie alle leiden unter dem Streß und den Anspannungen, die ihre jeweiligen Tätigkeiten mit sich bringen, und daher ziehen sie Nutzen aus der Alexander-Technik. Wer derlei Aktivitäten ausübt, kann lernen, indem er die wirklich großen Könner beobachtet, die oft eine Leichtigkeit und Sparsamkeit der Bewegung zeigen, die völlig natürlich erscheint. Wenn Arthur Rubinstein Klavier spielt, wenn Fred Astaire tanzt oder wenn Teofilio Stevenson boxt, ist ihnen allen eines gemeinsam: Sie vermitteln den Eindruck von Leichtigkeit und Mühelosigkeit. Alexander entdeckte, daß diese Qualität von Entspanntheit in der Aktion nicht nur das Ergebnis natürlicher Begabung ist, sondern auch erlernt werden kann.

Drittens: persönliche Transformation. Die Entwicklung der Humanistischen Psychologie in den letzten Jahren und die zunehmende Popularität östlicher Philosophien haben ein wachsendes Verständnis der Bedeutung individueller Verantwortlichkeit für die Entwicklung der eigenen Wahrnehmung geweckt. In diesem Zusammenhang schrieb John Dewey, der amerikanische Philosoph und Pädagoge und einer von Alexanders einflußreichsten Fürsprechern:

> Das, was sich unserer Aufmerksamkeit am meisten entzieht, ist das uns Allernächste, das Vertrauteste, das, was sich am meisten gleichbleibt. Und dieses Allernächste sind wir selbst, unsere eigenen Gewohnheiten, unsere Verhaltensweisen... Wohl nie zuvor gab es ein so ausgeprägtes Bewußtsein von der Hinfälligkeit aller Rezepte und Verordnungen, die das Individuum von außen her zu ändern suchen. Doch ist es *eine* Sache, die notwendige Rückbesinnung auf das Individuum als den eigentlichen Urheber jeglicher Leistung und Errungenschaft von Menschheit und Gesellschaft insgesamt zu predigen, und eine *andere*, dasjenige praktische Verfahren zu entwickeln, das die Möglichkeit bietet, diese vornehmste aller Aufgaben in die Tat umzusetzen. Es ist Mr. Alexanders Leistung, eben diese eine unverzichtbare Voraussetzung geschaffen zu haben.[4]

Es ist nun mehr als achtzig Jahre her, seit Alexander zum erstenmal seine einzigartigen Erkenntnisse über die Rolle des Körpers in der Entwicklung bewußten Lernens vorgestellt hat; aber erst heute entdekken zahlreiche Menschen Alexanders Werk als ein großartiges Instrument zur Vertiefung der Selbsterkenntnis und zur Veränderung falscher Gewohnheiten. Auch finden sie, daß es beim Erlernen von Yoga, Meditation und Tai-Chi ein unschätzbares Hilfsmittel sein kann.

Natürlich bestehen im Grunde keine scharfen Trennlinien zwischen den aufgeführten Kategorien. Es gibt Leute, die kommen aus allen drei Gründen zugleich, und andere scheinen ohne besonderen Grund zu kommen. Aber aus welchem Grund immer sie kommen mögen –, entscheidend ist, daß die Prinzipien, in denen sie unterwiesen werden, stets die gleichen sind.

Auf den folgenden Seiten möchte ich die Entwicklung, die Natur und Anwendung von Alexanders Prinzipien genauer beleuchten. Das Buch beginnt mit einem kurzen Abriß von Alexanders Leben im Hinblick auf seine Entdeckungen. Anschließend werden diese Entdeckungen in allen Einzelheiten erläutert. Ich verfolge dabei eine dreifache Absicht: zunächst möchte ich, daß der Leser selbst die wissenschaftliche Seite von Alexanders Entdeckungen erkennt. Dewey schreibt in seiner Einleitung zu Alexanders Buch *The Use of the Self*:

> Diejenigen, die die Wissenschaft nicht mit einer Parade von technischem Vokabular gleichsetzen, werden in diesem Bericht die Grundzüge wissenschaftlicher Methodik finden, wie sie auf jedem Gebiet der Forschung angewandt wird. Sie werden einen Rechenschaftsbericht über lange, geduldige Experimente und Beobachtungen finden, in denen jede Schlußfolgerung durch immer weitere Experimente ausgedehnt, getestet und verbessert wird. Ich persönlich kann nicht genügend Worte der Bewunderung – im ursprünglichen Sinne des Staunens wie auch im Sinne der Hochachtung – finden für die Ausdauer und Gründlichkeit, mit welcher diese äußerst schwierigen Beobachtungen und Versuche durchgeführt wurden.[5]

Und in seiner Einleitung zu Alexanders *Constructive Conscious Control* fügt Dewey hinzu:

> Nachdem ich Mr. Alexanders Methode in ihrer praktischen Anwendung studiert habe, verbürge ich mich dafür, daß er auf unsere Ideen und Vorstellungen von uns selbst – durch Versuchsanordnungen und die Durchführung neuer sensorischer Beobachtungen zur Überprüfung und Weiterentwicklung experimentellen Denkens – eben die Methoden angewandt hat, die Ursprung allen Fortschritts in den Naturwissenschaften waren und sind.[6]

In jüngerer Zeit hat Professor Nikolaas Tinbergen, der Nobelpreisträger für Medizin, gesagt: »Diese Dokumentation von Wahrnehmungsvermögen, Intelligenz und Ausdauer, die von einem Mann ohne medizinische Ausbildung geliefert wurde, ist eines der wahrhaften Epen in der Geschichte medizinischer Forschung und Praxis.[7]«

Der zweite Grund für die detaillierte Untersuchung von Alexanders Entdeckungsprozeß ist der, daß die von ihm verfolgte Methode exemplarisch ist für den von seiner Technik kultivierten »suchenden« Gemütszustand, eine innere Einstellung, in der man sich dafür entscheidet, Verantwortung für sich selbst zu übernehmen. Alexander pflegte gern zu sagen: »Ihr könnt es mir gleichtun, wenn ihr tut, was ich tat.« Soviel ich weiß, hat niemand getan, was er tat. Doch können wir von seinem Beispiel lernen, vorausgesetzt, wir sind uns darüber im klaren, daß man, wie Aldous Huxley sagte, auch mit der Hilfe eines Alexander-Lehrers, »die Entdeckung selber machen muß, indem man ganz von vorn anfängt«.

Drittens möchte ich dem Leser eine klare Vorstellung vermitteln von dem, was ich als die praktischen Grundbegriffe betrachte, die funktionalen Ideen, wie sie im Lehren und Lernen der Methoden Alexanders zur Anwendung kommen. Im zweiten Teil werde ich jede dieser Ideen ausführlicher behandeln, indem ich sie zu meiner eigenen Erfahrung in Beziehung setze und zeige, wie sie aus Alexanders praktischer Arbeit erwuchsen und kein bloßes Produkt von Theorien waren. Obwohl die heutigen Alexander-Lektionen sich von Alexanders ursprünglichen Experimenten unterscheiden, sind die ihr zugrundeliegenden Prinzipien unverändert. Im dritten Teil behandle ich den Wert der Technik beim »Lernen-wie-man-lernt« und zeige ihre Bedeutung für die Erziehung auf.

Die vorliegende Arbeit versteht sich nicht als abschließendes Werk über die Alexander-Technik, sondern als einfache Einführung in das Gebiet; und sie beruht auf meiner eigenen Erfahrung mit der Anwendung der Technik im täglichen Leben. Es wäre in der Tat unklug, sehr viel mehr zu versuchen, denn der Gegenstand unserer Betrachtungen ist keine endgültige, perfekte Theorie. In Alexanders eigenen Worten: »Wir fangen eben erst an zu verstehen.«

Michael Gelb, London 1980

Teil I

F. M. Alexander – Der Mann und seine Entdeckung

Derjenige, der die ihm eingeborene
Kraft erkennt . . . und solcherart
gewahr, seinen Gedanken unverzüglich
Folge leistet, richtet sich augenblicks
auf, steht da in aufrechter Haltung,
gebietet seinen Gliedmaßen,
wirkt Wunder.

R. W. Emerson, *Self Reliance*

Frederick Matthias Alexander wurde 1869 in Wynyard an der Nordwestküste von Tasmanien, Australien, als ältestes von acht Kindern geboren. Er wuchs heran auf einer großen, abgelegenen Farm, wo Selbstgenügsamkeit kein abstrakter Begriff war – hatte das Hausdach ein Leck, so hieß es reparieren oder naß werden. Alexander war ein frühreifes Kind. Da er immer wieder an Atembeschwerden litt, wurde er von der Schule genommen, um Privatunterricht zu erhalten. Als er etwa neun Jahre alt war, besserte sich sein Gesundheitszustand. Er entwickelte eine Leidenschaft für Pferde und lernte, mit ihnen umzugehen und sie zu trainieren. Seine andere große Liebe galt dem Theater, insbesondere Shakespeare; und er bewahrte sich sein Leben lang einen tatkräftigen Enthusiasmus für diese beiden sehr unterschiedlichen Interessen.

Im Alter von 16 Jahren sah er sich durch finanzielle Umstände genötigt, das geliebte Landleben aufzugeben und in die Bergwerkstadt Mount Bischoff zu ziehen. Tagsüber arbeitete er in verschiedenen Jobs; abends nahm er Musik- und Schauspielunterricht und brachte sich selber das Violinspiel bei. Drei Jahre später zog er nach Melbourne, wo er seinen Musik- und Schauspielunterricht bei den besten Lehrern weiterverfolgte, Theater, Konzerte und Kunstausstellungen besuchte und in seiner freien Zeit seine eigene Amateurtheatertruppe organisierte. Wurde das Geld knapp, so nahm er irgendwelche Jobs als Handlungsgehilfe oder Buchhalter an; einmal arbeitete er sogar als Teeschmecker. Doch waren wiederholte Krankheiten, sein damals noch heftiges Temperament und seine Abneigung gegen das kommerzielle Leben Anlaß genug für ihn, nie sehr lange bei einem Job zu bleiben. Mit Anfang Zwanzig beschloß er, als Schauspieler und Rezitator Karriere zu machen, und bald hatte er sich mit Vortragsabenden, Engagements für Privatvorstellungen und Inszenierungen einen Namen gemacht. Seine Spezialität war eine – primär durch Shakespeare-Texte getragene – Einmannshow dramatischer und humoristischer Szenen.

Nur eine Wolke trübte den Horizont – eine hartnäckige Neigung zu Heiserkeit und Atembeschwerden, die seine Stimmqualität während des Rezitierens beeinträchtigte. Stimmlehrer und Ärzte rieten zur Schonung der Stimme; und Alexander fand, daß die Symptome verschwanden, solange er nicht zu rezitieren versuchte. Einmal, vor

Ein frühes Foto für Alexanders Personalien als Schauspieler und Rezitator

einer besonders wichtigen Vorstellung, schonte er seine Stimme zwei Wochen lang. Mitten in der Show ließ sie ihn im Stich. Als Alexander bei seinem Arzt vorstellig wurde, bekam er nur wieder zu hören, daß er seine Stimme weiter schonen müsse. Da es seine Art nicht war, unter einem lecken Dach zu verharren, beschloß er, die Angelegenheit selbst in die Hand zu nehmen und das Heilmittel für sich ausfindig zu machen.

Offenbar mußte die Ursache für seine Schwierigkeit daran liegen, *wie* er seine Stimme »gebrauchte«. Da er beim gewöhnlichen Sprechen keine Schwierigkeiten hatte, schloß Alexander, daß die Ursache seines Problems in etwas liegen müsse, das er während des Rezitierens tat. Er stellte sich vor einen Spiegel und begann genau zu beobachten, was er seine »Weise des Tuns« nannte – erst beim Sprechen und dann, da er nichts Ungewöhnliches fand, beim Rezitieren. Als er zu rezitieren begann, fielen ihm drei Dinge auf: Er versteifte seinen Nacken, wodurch sein Kopf nach hinten gezogen wurde; er drückte übermäßig auf den Kehlkopf, und er sog hörbar den Atem ein. Er fand bald heraus, daß dieses Verhalten – auch in seiner alltäglichen Sprechweise zutage trat, wenn auch in viel geringerem Maße; das bedeutete also, daß nur ein gradueller Unterschied zwischen Sprechen und Rezitieren bestand.

Überzeugt, daß dieses Verhaltensmuster einen Mißbrauch darstellte, da es für sein Problem verantwortlich schien, unternahm Alexander den Versuch, es zu unterlassen. Obwohl er nicht durch bewußte Bemühung verhindern konnte, auf den Kehlkopf zu drücken oder nach Luft zu schnappen, gelang es ihm wenigstens teilweise, zu vermeiden, daß er den Kopf nach hinten zog. Und dies wiederum brachte die beiden anderen nachteiligen Tendenzen zum Verschwinden. Nachdem es ihm zunehmend gelungen war, diese mißlichen Verhaltensmuster abzubauen, entdeckte Alexander, daß seine Stimme besser wurde, und seine Ärzte bestätigten, daß sein Kehlkopf in besserer Verfassung sei.

Aus alldem schloß Alexander, daß seine »Weise des Tuns« tatsächlich Einfluß auf seine Funktionsweise hatte. *Am Anfang seiner Arbeit stand die Erkenntnis, daß unsere Entscheidung darüber, wie wir mit uns selbst umgehen, in hohem Maße unsere Lebensqualität bestimmt. Er nannte dieses Entscheidungsvermögen Gebrauch (Use).*

Mit der Absicht, seine Funktionsweise weiter zu verbessern, begann Alexander nun zu experimentieren, indem er seinen Kopf nach vorn richtete. Er bemerkte jedoch, daß er über einen bestimmten Punkt hinaus wieder auf den Kehlkopf zu drücken begann – mit dem bekannten Ergebnis. Indem er nun nach einem Weg suchte, Kopf und Nacken so zu gebrauchen, daß er dabei nicht den Kehlkopf herabdrückte, entdeckte er, daß er beim Herabdrücken des Kehlkopfs auch dazu neigte, den Brustkorb zu heben, den Rücken zu verengen und sich kleiner zu machen.

Diese Beobachtung markierte einen Wendepunkt. Alexander begriff nun, daß das Funktionieren seines stimmlichen Mechanismus nicht allein von seinem Kopf und Hals beeinflußt wurde, sondern von dem Spannungsfeld in seinem ganzen Körper. Sein nächster Schritt bestand darin, zu verhindern, sich kleiner zu machen – gleichzeitig auf den besseren Gebrauch von Kopf und Nacken achtend. Seine Versuche ergaben, daß seine Stimme am besten funktionierte, wenn er sich aufrichtete – und daß dies nur gelang, wenn er seinen Kopf in einer Weise gebrauchte, die er als »nach vorn und oben« im Verhältnis zu Rumpf und Nacken beschrieb. Hieraus folgte seine spätere Entdekkung, daß das dynamische Verhältnis zwischen Kopf, Hals und Rumpf der primäre Faktor bei der Organisation menschlicher Bewegung ist – was er als »Primärkontrolle« bezeichnete.

Nachdem er die einzelnen Schritte, die zu seinem Ziel führen sollten, durchdacht hatte, war sich Alexander sicher, daß er die erforderlichen Elemente von »Unterlassen und Tun« während des Rezitierens kombinieren könne. Als er jedoch zwei weitere Spiegel zu Rate zog, mußte er zu seiner Überraschung feststellen, daß »in dem kritischen Augenblick, wenn ich versuchte, das Verhindern des Kleinerwerdens zu kombinieren mit dem bewußten Versuch, meine Größe beizubehalten und gleichzeitig zu sprechen, ich meinen Kopf nicht wie beabsichtigt nach vorn und oben richtete, sondern ihn in Wirklichkeit nach hinten zog. Dies war ein schlagender Beweis dafür, daß ich das Gegenteil dessen tat, was ich zu tun beschlossen hatte und auch zu tun glaubte«.

Im Rückblick auf seine Experimente im Lichte von fünfunddreißig Jahren Unterrichtserfahrung fügte Alexander hinzu:

> »Ich litt tatsächlich unter einem Wahn, der praktisch universell ist: dem Wahn, daß wir, weil wir imstande sind, bei der Durchführung von uns geläufigen Handlungen – die mit vertrauten Sinnesempfindungen einhergehen – zu tun, was wir ›tun wollen‹, auch bei uns ungewohnten Aktivitäten – die von ungewohnten Sinnesempfindungen begleitet werden – imstande seien, dasjenige mit Erfolg zu tun, was wir ›tun wollen‹ . . .«

Alexander setzte seine Versuche fort, indem er sich selbst beim Stehen, Gehen und Gestikulieren beobachtete. Er wußte inzwischen, daß die Formen von Spannung und fehlerhafter Koordination überall in seinem Körper »synchronisiert« mit der Unausgewogenheit von Kopf und Nacken auftraten. Als er fortfuhr, deren Verhältnis in ihrer Beziehung zu seinen mentalen Vorstellungen über seine Aktivitäten zu überprüfen, wurde ihm klar, daß die Formen des Fehlgebrauchs nicht einfach körperlich waren. Sie betrafen die Gesamtheit seines Körpers und Geistes. Aus dieser Erkenntnis heraus formulierte er dann die Idee der psychophysischen Einheit – eine wahrhaft revolutionäre Idee, die der Grundstein seiner Arbeit werden sollte.

Alexanders Wunsch, seinen Geist und Körper auf diese neue Weise zu gebrauchen, stand ein unüberwindliches Verhaltensmuster von Gewohnheiten entgegen. Dieses war in seinem Falle besonders zwingend, weil er es während des Schauspielunterrichts – als er lernte, wie man auf der Bühne geht und steht – bewußt kultiviert hatte. Der Stimulus, sich selbst falsch zu »gebrauchen«, war, wie ihm klar wurde, viel stärker als seine Fähigkeit, sich zu ändern; und er sah sich zu dem Schluß genötigt, daß er das Problem, wie sein »Selbstgebrauch« zu verbessern sei, falsch angepackt hatte und daß er nie bewußt darüber nachgedacht hatte, wie er den »Gebrauch« seines Selbst steuerte. Wie jedermann tat er das, was er in Übereinstimmung mit seiner Gewohnheit »als richtig empfand«. Nun, da er gesehen hatte, daß er seinen Kopf nach hinten abwärts zog – während er doch zu fühlen glaubte, daß er ihn nach vorn und oben richtete! – mußte er zugeben, daß die Sinneswahrnehmung, die ihn etwas »als richtig empfinden« ließ, unzuverlässig war. Das war eine bestürzende Entdeckung. Sie nötigte ihn, all seine Grundvoraussetzungen in Frage zu stellen und schien ein neues Gebiet der Humanwissenschaften zu eröffnen. »Wenn es möglich ist«, so schrieb er, »daß die Empfindung als Mittel zur Selbststeuerung unzuverlässig werden kann, dann sollte es auch möglich sein, ihre Zuverlässigkeit wiederherzustellen.«

Alexander stellte sich nun die Aufgabe, seine Schwierigkeiten dadurch zu überwinden, daß er sich aus seiner Abhängigkeit von dem, was er »als richtig empfand«, zu befreien trachtete, um sich allein auf seine bewußte Überlegung zu verlassen. Da er wußte, daß seine Stimme am besten funktionierte, wenn er seine Statur aufrichtete, daß aber jeglichem Versuch zu solcher Aufrichtung seine unzuverlässige Sinneswahrnehmung entgegenstehen würde, beschloß er, das gewohnheitsmäßige Verhaltensmuster an seinem Ursprung zu unterbinden. Also übte er sich darin, einen Stimulus zu empfangen und jedes »Tun« als unmittelbare Reaktion darauf zu unterlassen. (Diesen Vorgang nannte er *inhibition* = Verhinderung, Hemmung.) Dann experimentierte er damit, die Aufrichtung bewußt zu wollen anstatt zu versuchen, sie durch direktes »Tun« zu bewirken. (Er nannte diesen Vorgang direction = Ausrichtung durch Direktiven.) Wieder jedoch mußte er feststellen, wie im »kritischen Moment«, nämlich wenn er zu sprechen begann, die gewohnheitsmäßige Ausrichtung seine überlegte Absicht zunichte machte. »Ich konnte im Spiegel geradezu sehen, wie es passierte«, schreibt er.

Nun war ihm klar, daß er Zeit darauf verwenden mußte, diese bewußte Art der Ausrichtung zu praktizieren und daß jeglicher neue »Gebrauch seines Selbst«, der auf dieser Praxis beruhte, von seiner alten Sinneswahrnehmung als »falsch« empfunden werden würde. Im Verlauf seiner Übungen mußte er erkennen, daß es zwischen Gewohnheit und überlegter Ausrichtung keine klare Trennungslinie gab und daß er eine Überschneidung beider nicht verhindern konnte. Alexander kam zu dem Schluß, daß er, um seiner überlegten Ausrichtung zum Sieg über die Gewohnheit zu verhelfen, jeden Gedanken an das erstrebte Ziel aufgeben und statt dessen seine volle Aufmerksamkeit auf die Schritte richten müsse, die zu jenem Ziel führten (die »Mittel-wodurch«).

Er arbeitete also einen Plan aus, wie das Problem, einen Satz zu sprechen, anzugehen sei. Zunächst würde er seine unmittelbare Reaktion auf den Wunsch, den Satz zu sprechen, unterbinden und dadurch die gewohnte unkoordinierte Ausrichtung an ihrem Ursprung anhalten. Zweitens würde er bewußt üben, die Richtlinien für den verbesserten »Gebrauch seiner Selbst« gedanklich festzulegen. Insbesondere würde er daran denken, seinen Nacken freizulassen und seinen Kopf nach vorn und oben zu richten, damit sein Rumpf sich längen und weiten könne. Drittens würde er so lange fortfahren, sich die Direktiven zur inneren Ausrichtung zu erteilen, bis er sicher war, daß er sie beibehalten könnte, wenn er beschloß, den Satz zu sprechen. Viertens würde er in dem Moment, in dem er den Satz zu sprechen beschloß, wieder innehalten und seinen Beschluß erneut überdenken. Mit anderen Worten: Er stellte es sich frei, statt dessen eine andere Handlung durchzuführen, beispielsweise einen Arm zu heben, zu gehen, oder einfach nichts zu tun; doch was immer er zu tun beschloß, er würde fortfahren, sich die Direktiven für das neue »Gebrauchsmuster« zu erteilen.

Es funktionierte! Indem er der *Qualität* seiner Aktion mehr Aufmerksamkeit schenkte als seinem speziellen Ziel, begann Alexander, sich von der unüberlegten Kontrolle seines Organismus zu befreien. Er überlistete seine instinktive gewohnheitsmäßige Steuerung und entwickelte dabei eine neue Lernmethode, die auf der Ganzheitlichkeit der psychophysischen Person beruht. Die fortgesetzte Anwendung der neuen Technik übte eine befreiende Wirkung auf Alexanders ganzes Wesen aus – seine Atembeschwerden verschwanden, und er bewegte sich mit einem neuen Ausdruck von Leichtigkeit und Grazie. Sein Ruf als Schauspieler wuchs, wobei vor allem seine ausdrucksvolle Stimme gerühmt wurde. Schauspielerkollegen und Leute aus dem Publikum strömten zu ihm, ihre Stimme ausbilden zu lassen. Da er fand, daß Worte nicht ausreichten, um seine Erfahrung zu vermitteln, begann er nun, ein subtiles Verfahren manueller Steuerung zu entwickeln, das die Erfahrung verbesserter psychophysischer Koordination direkt vermitteln konnte – ein Verfahren, das er sein Leben lang weiterentwickelt und verfeinert hat.

Alexander machte seine Entdeckungen schrittweise innerhalb mehrerer Jahre, während er seine Bühnenlaufbahn weiter verfolgte. Sein Ruhm als Schauspieler sowie als Lehrer wuchs, und Mitte der neunziger Jahre hatte er eine florierende Praxis in Melbourne. Seine ersten Schüler waren vorwiegend Bühnenkünstler; als jedoch die Ärzte in seinem Umkreis von seiner Arbeit hörten, schickten einige von ihnen ihre Patienten zu ihm; und es dauerte nicht lange, bis diese Schüler diejenigen aus der Theaterwelt an Zahl übertrafen.

1899 zog Alexander nach Sydney. Sein Ruf eilte ihm voraus und bald hatte er Arbeit im Überfluß, obwohl die Ärzteschaft im großen und ganzen mißtrauisch blieb. Ein berühmter Chirurg, den Alexander für sich gewann, war J. W. Steward McKay. Es gibt eine Anekdote, wonach McKay bei ihrer ersten Begegnung gesagt haben soll: »Falls Ihre Lehre Hand und Fuß hat, sind Sie ein gemachter Mann. Hat sie's nicht, sind Sie ein toter Mann, mein Wort darauf!« Alexanders Reaktion darauf war kennzeichnend. Er schüttelte mit großer Wärme McKays Hand und sagte: »Sie sind der Mann, auf den ich gewartet habe!« Es war McKay, der ihn davon überzeugte, daß er nach London gehen müsse, um die verdiente Anerkennung seiner Arbeit zu finden. Im April 1904 schiffte sich Alexander ein, nach einer ausgedehnten Abschiedstournee mit *Hamlet* und dem *Kaufmann von Venedig*, gespielt von einem Ensemble, das fast ausschließlich aus Schülern bestand, die ihm einst von Ärzten geschickt worden waren.

In London hatte Alexander schon nach kurzer Zeit eine gutgehende

Praxis, und bald galt er als der »Schutzpatron des Londoner Theaters«. Viele der damals berühmtesten Schauspieler und Schauspielerinnen nahmen bei ihm Stunden, unter ihnen Sir Henry Irving, Matheson Lang, Oscar Asche, Lily Blayton sowie Viola und Beerbohm Tree. Als seine Arbeit weiteren Kreisen bekannt wurde, mußte er sich mit Leuten auseinandersetzen, die versuchten, sie auf billige Weise zu imitieren. Um Möchtegern-Plagiatoren das Handwerk zu legen, veröffentlichte er 1910 sein erstes Buch, *Man's Supreme Inheritance*, dessen Thema er umschrieb als »die bedeutende Phase in der Entwicklung des Menschen, da er von der unbewußten zur bewußten Kontrolle seines Geistes und Körpers fortschreitet«. Das Buch wurde ein großer Erfolg und erfuhr noch zu Alexanders Lebzeiten zahlreiche neue Auflagen.

Der Kriegsausbruch von 1914 hatte einen jähen Rückgang seiner Schülerzahl zur Folge. Da Alexander wußte, daß er seine mühsam erarbeiteten Fähigkeiten verlieren würde, falls er nicht in seiner Arbeit fortfahren konnte, beschloß er, in die Vereinigten Staaten zu gehen. In New York kannte er nur zwei Menschen; doch verhalfen ihm persönliche Empfehlungen innerhalb weniger Wochen zu einer überfüllten Praxis. Während der nächsten zehn Jahre verbrachte er je ein halbes Jahr in den Vereinigten Staaten und in London. Er hatte jetzt einen Assistenten, um der Nachfrage nach Unterrichtsstunden gerecht zu werden. In der Zeit zwischen den beiden Weltkriegen wuchs und gedieh Alexanders Werk. Er hatte beträchtliche Unterrichtserfahrung und gewann eine Anzahl einflußreicher Gönner und Fürsprecher, unter ihnen William Temple, Erzbischof von Canterbury, Sir Stafford Cripps, Esther Lawrence vom Froebel-Institut, George Bernard Shaw und Aldous Huxley. 1923 wurde Alexanders zweites Buch, *Constructive Conscious Control of the Individual* veröffentlicht, mit einem Vorwort von John Dewey, dem amerikanischen Kulturphilosophen, der einer der glühendsten und konsequentesten Befürworter der Alexander-Technik wurde. Dewey schrieb, Alexanders Werk enthalte »das Versprechen und die Möglichkeit der neuen Ausrichtung, die in jeglicher Erziehung notwendig geworden ist«. Wie Dewey glaubte Alexander, daß Erziehung der Schlüssel zur gesellschaftlichen Entwicklung sei, und 1927 eröffnete er in seinen Arbeitsräumen in London die erste Schule, in der seinen Prinzipien gemäß unterrichtet wurde. Sie stand unter der Leitung von Irene Tasker, einer qualifizierten Lehrerin, die bei Maria Montessori studiert hatte, und Kinder im Alter von drei bis acht Jahren aufnahm. Die Arbeit verlief nach dem

Alexander und der amerikanische Philosoph John Dewey

normalen Lehrplan, doch wurde besonders darauf geachtet, daß die Kinder den richtigen »Gebrauch ihrer selbst« erlernten. Zehn Jahre später emigrierte Irene Tasker nach Südafrika, wo sie der erste Alexander-Lehrer mit eigenständiger Praxis wurde, und die Londoner Schule zog unter der Leitung von Margaret Goldie aufs Land. 1940 wurde die Schule in die Vereinigten Staaten evakuiert; der Versuch, sie nach dem Krieg in England neu zu eröffnen, blieb ohne Erfolg.

Viele Jahre hindurch war Alexander bedrängt worden, einen Ausbildungskurs für zukünftige Lehrer der Alexander-Technik zu eröffnen. Er zögerte, da er sichergehen wollte, daß genügend Nachfrage nach seiner Arbeit bestünde und vor allem, daß seine Schüler den höchsten Ansprüchen genügten. Künftige Lehrer seiner Arbeit mußten, so glaubte er, trainiert werden, die Prinzipien und Verfahren der Technik beim »Gebrauch ihrer selbst« im täglichen Leben anzuwenden, bevor sie versuchen konnten, andere zu unterrichten. Alexanders Bruder, Albert Redden (A. R.) hatte bereits ein Beispiel für den Erfolg von Alexanders Unterrichtsmethoden geliefert. Nachdem ihm bei einem Reitunfall das Rückgrat zerschmettert wurde, hatten ihm die Ärzte eröffnet, daß er nie mehr würde gehen können. A. R. verbrachte seine Genesungszeit auf dem Rücken liegend und praktizierte die Verfahren von »Innehalten« (Inhibition) und bewußter Ausrichtung. Nach achtzehn Monaten war er gesund und fuhr – bis zu seinem Tode, 1947 – fort, die Technik zu unterrichten. Das Beispiel seines Bruders vor Augen, eröffnete Alexander schließlich im Jahre 1930 einen dreijährigen Ausbildungskurs für Lehrer.

Alexanders drittes Buch *The Use of the Self*, worin er den Prozeß schildert, in dessen Verlauf er die Technik erarbeitet hatte, erschien 1932. Neun Jahre später kam sein letztes Buch heraus, *The Universal Constant in Living*. Es enthält eine Sammlung von Aufsätzen über Alexanders Konzept des *Gebrauchs des Selbst*, wobei er mit besonderem Nachdruck die schädlichen Auswirkungen von »Leibeserziehung« und Übungssystemen aufzeigt, welche die Einheit von Geist und Körper außer acht lassen. Kurz nach Kriegsende versuchten Alexanders Anhänger in Südafrika, die dort praktizierten Methoden der Leibeserziehung durch ein auf Alexanders Ideen beruhendes System zu ersetzen. Das führte zu einem bösartigen Angriff auf Alexander und sein Werk durch Dr. Ernst Jokl, Leiter des South African Physical Education Committee. Nachdem Alexander sich vergebens bemüht hatte, über diplomatische Verbindungen seinen Ruf zu schützen, strengte er einen Verleumdungsprozeß an. In diesem

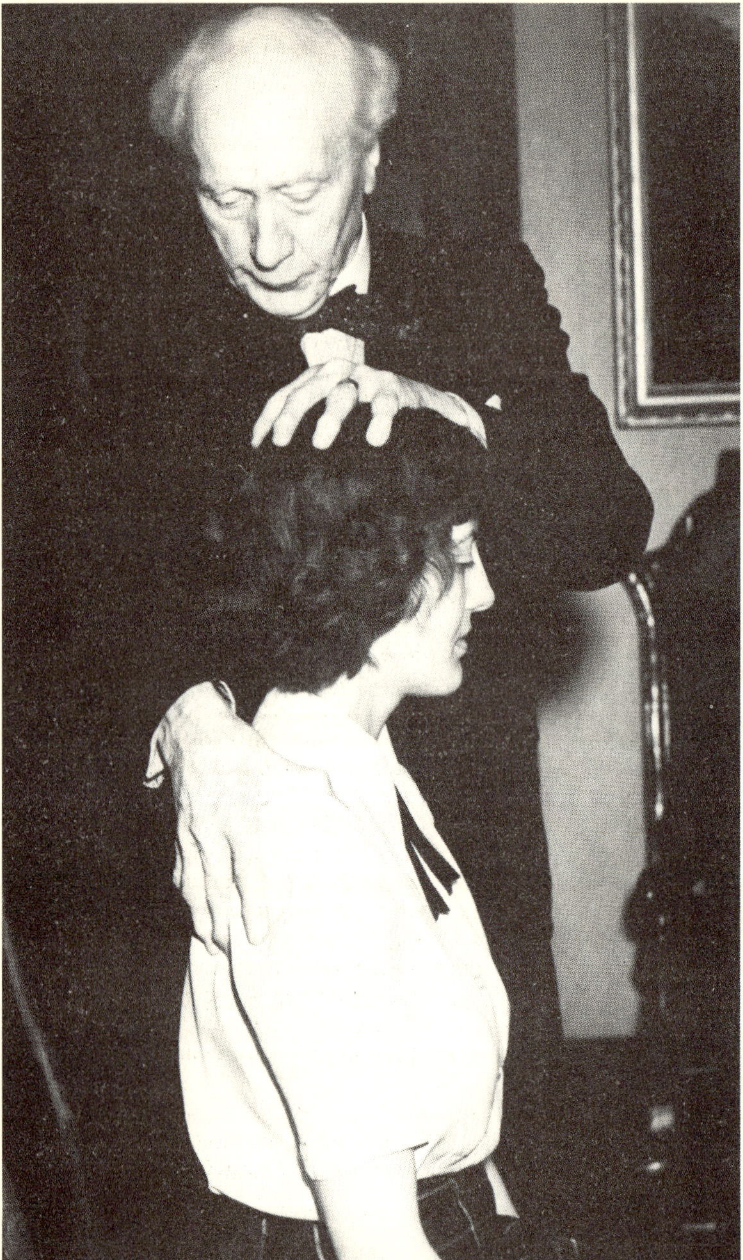

heftig umstrittenen Prozeß, der vier Jahre währte, hatte Alexander eine ganze Reihe von Medizinern gegen sich. Doch traten zwei äußerst einflußreiche Mediziner für Alexander ein und bezeugten den wissenschaftlichen Wert seiner Arbeit. Das waren Sir Charles Sherrington, Neurophysiologe und Nobelpreisträger, und Professor Raymond Dart, ein berühmter Anthropologe.

Alexander gewann den Prozeß im Jahre 1948, obwohl ein schwerer Schlaganfall, der seine linke Körperhälfte lähmte, ihm nicht erlaubte, der Verhandlng beizuwohnen. Er kämpfte sich zur Genesung durch, indem er die von ihm entwickelten Prinzipien anwandte. Nun, als alter Mann, der seiner Kräfte zum größten Teil beraubt war, mußte er sich mehr als je zuvor allein auf die Kraft der inneren Ausrichtung verlassen; und damalige Schüler berichten, daß sein Unterricht nie besser war als in den letzten fünf Jahren vor seinem Tode. In diesen Jahren arbeitete er weiter an der Verfeinerung seiner Methode, während er gleichzeitig seine private Praxis fortführte und die Arbeit seiner Assistenten überwachte. Er starb nach kurzer Krankheit am 10. Oktober 1955.

Wie die kurze biographische Skizze zeigt, war Alexanders Leistung außerordentlich. Er entwickelte im Alleingang eine völlig neue wissenschaftliche Methode, ein spezielles Problem anzugehen und zu lösen; und indem er das tat, erschloß er einen revolutionären Weg für die Betrachtung menschlichen Funktionierens. Und dennoch fand sein Name in dem Vierteljahrhundert seit seinem Tode trotz der Arbeit seiner Nachfolger nicht die Beachtung, die sein Werk zweifellos verdient. Sicher zählt Alexander zu den am meisten verkannten Großen des zwanzigsten Jahrhunderts.

Dafür gibt es vor allem zwei Gründe. Der erste liegt im Charakter Alexanders selbst, der zweite in der Natur der etablierten Institutionen. Alexander war gewiß ein in jeder Beziehung außergewöhnlicher Mann, dessen Fehler nicht minder hervorragend waren als seine Fähigkeiten. Die ihn kannten, sagen, daß es nicht leicht war, mit ihm zu arbeiten. Er war kein umgänglicher Mensch; er war vor allem ein Individualist, der sich nie gern einer größeren Masse anpaßte.

Es ist sehr wohl möglich, daß sein Beharren auf dem höchsten Niveau in der Arbeit, sowie sein begreifliches Zögern, andere mit der

Alexander bei der Arbeit: Seine Hände führen die Schülerin zu einem ausgewogenen Verhältnis zwischen Kopf, Hals und Rumpf.

Weitervermittlung jener Ideen zu betrauen, die er sich selbst so mühevoll erarbeitet hatte, vielleicht ohne sein Wollen verhinderten, daß die Alexander-Technik einer breiteren Öffentlichkeit erschlossen würde. Auf jeden Fall war die Gruppe der von ihm trainierten Lehrer verschwindend klein – zu klein, um jemals größere Wirkung erzielen zu können. Erst seit den siebziger Jahren hat eine größere Anzahl von Lehrern die Ausbildung abgeschlossen und zu praktizieren begonnen und ist ein dementsprechend breiteres Publikum mit der Technik vertraut gemacht worden.

Es mag auch sein, daß Alexanders eigene Überzeugung von der Technik – der Umstand, daß er *wußte* und nicht bereit war, mit dem Erklären und Beweisen dessen, was er wußte, Zeit zu verschwenden – potentielle Befürworter entmutigte. Wie Shaw einmal bemerkte: »Alexander ruft die Welt auf, Zeuge einer Veränderung zu sein, die so geringfügig und subtil ist, daß nur er sie zu sehen vermag.« Diejenigen, die nicht Zeugen der Veränderung werden konnten, die Alexander erkannt hatte, und die nicht willens waren, sich seine Methode anzueignen, hatten kaum eine andere Möglichkeit, als sich verständnislos abzuwenden. Jedoch die triftigste Erklärung dafür, daß Alexanders Arbeit nicht allgemein anerkannt wurde, ist die, daß sie seiner Zeit um Jahrzehnte voraus war und immer noch ist. Sie ist weder spezifisch medizinisch, noch ist sie pädagogisch im üblichen Sinne des Wortes. Vertreter dieser Disziplinen können sie nicht einfach und mühelos ihren Methoden zuordnen. Die Technik erfordert eine grundlegende Revision der Art und Weise, wie ein Mensch über sich selber denkt; und wenn sie in der Gesellschaft akzeptiert werden soll, wird eine noch grundlegendere allgemeine Revision der inneren Einstellung vor allem der Ärzte, Psychologen und Lehrer notwendig sein.

Teil II

Die praktischen Grundbegriffe

> Sollte es einmal zu einer
> entsprechenden Untersuchung
> kommen, so wird sich herausstellen,
> daß alles und jedes, was wir in unserer
> Arbeit tun, eben dasjenige ist, was sich
> unter den richtigen Umständen in der
> Natur selber tut – mit dem Unterschied,
> daß wir lernen, es bewußt zu tun.
>
> F. M. Alexander

Alexander entwickelte seine Ideen während eines Zeitraums von fast sechzig Jahren. Mit zunehmender Unterrichtserfahrung erweiterte und verfeinerte er den theoretischen Rahmen seiner Technik. Seine Theorien über die den Menschen verderbenden Faktoren der Zivilisation und über die Entwicklung des Bewußtseins sind faszinierend, doch ist sein Werk in der Hauptsache immer praktisch und »erdverbunden«. Letztendlich sind es sieben grundlegende Ideen, die den Kern seiner Lehre bilden. Ich nenne sie »die praktischen Grundbegriffe«, weil sie für den, der die Technik im täglichen Leben anwenden möchte, eine nützliche Richtschnur bilden.

Gebrauch und Funktion

Alexanders Buch *The Universal Constant in Living* beginnt folgendermaßen: »Wenige unter uns haben bisher der Frage Aufmerksamkeit geschenkt, in welchem Maße wir als Individuen Verantwortung tragen für die Übel, die unseres Fleisches Erbteil sind.« Die Frage der individuellen Verantwortung nimmt in Alexanders Werk eine zentrale Stellung ein. Er war zu der Einsicht gelangt, daß er bis dahin keinerlei Verantwortung für die Steuerung des »Gebrauchs seiner selbst« übernommen hatte. Statt die Gabe der freien Entscheidung voll zu nutzen, hatte er immer das getan, was er als richtig *empfand.* Er hatte niemals seinen unüberlegten Selbstgebrauch in Frage gestellt, bis er entdeckte, daß gewisse Gewohnheiten sein Funktionieren beeinträchtigten. Als er sich daraufhin entschloß, die Macht der freien Entscheidung auszuüben, fand er sich mit der nahezu unüberwindlichen Macht der Gewohnheit konfrontiert.

Im Kommentar zu dieser Entdeckung schreibt Walter Carrington: Seine Experimente führten ihn dazu, Vorgänge zu studieren, über deren Natur ihm sehr wenig bekannt war und über die man tatsächlich noch immer sehr wenig weiß. Auch heute noch ist der menschliche Organismus als Ganzes, was die experimentelle Beobachtung angeht, weitgehend unerforscht. Die Natur der Beziehung zwischen Geist und Körper ist noch ungeklärt. Das genaue Verhältnis zwischen dem, was wir als die willkürlichen und die unwillkürlichen Aspekte des menschlichen Verhaltens bezeichnen, ist ebenfalls ungeklärt; und obgleich wir heute über Struktur und Funktionsweise des Nervensystems viel mehr wissen als zu den Anfangszeiten Alexanders, so ist doch die eigentliche Natur des Wollens und Wünschens, der Wahl und Auswahl von Reaktion, von Denken und Fühlen und aller anderen sogenannten geistigen Prozesse, die wir subjektiv wahrnehmen, noch immer weitgehend ein Geheimnis. Diese Einsicht war es, die Alexander bewog, für seine Beschreibungen Begriffe zu wählen, die so einfach und so wenig festgelegt wie möglich waren. Er erkannte, daß die Grenzlinie zwischen dem

Der Pianist Arthur Rubinstein – in seinem Klavierspiel wie im täglichen Leben ein Musterbeispiel für Ausgewogenheit

Willkürlichen und dem Unwillkürlichen zu verschwommen war, um scharfe Unterschiede zu treffen.[1]

Doch fand Alexander, daß er gewisse Entscheidungen treffen konnte, wie zum Beispiel diejenige, zu sprechen oder nicht zu sprechen. Diese Entscheidungsfreiheit gab ihm die Chance, die Qualität der von ihm gewählten Aktivitäten bis zu einem gewissen Grade zu bestimmen. Er begann zu verstehen, daß sein Entscheidungsvermögen ein wesentlich größeres Potential enthielt, als er zu jener Zeit in Anwendung brachte. Das Kapitel »Die Entwicklung einer Technik« in *The Use of the Self* enthält eine Aufzählung seiner Versuche, sich in den vollen Besitz seines Entscheidungsvermögens zu bringen. Ihm wurde klar, daß die Entscheidungen, die er in Bezug auf den Gebrauch seines Organismus traf, grundlegend waren, insofern als sie unmittelbar auf sein Funktionieren einwirkten und somit all seine übrigen Entscheidungen beeinflußten. Alexander verwandte das Wort »Gebrauch«, um den Kontrollprozeß über all jene Aktivitäten zu beschreiben, deren Kontrolle ihm als potentiell möglich erschien.

Der Begriff des »Gebrauchs« hat dieselbe fundamentale Bedeutung wie »Vererbung« und »Umwelt«. Vererbung wird gewöhnlich als der Faktor betrachtet, der unsere Möglichkeiten bestimmt, und Umwelt als der Faktor, der das Ausmaß bestimmt, in dem wir sie verwirklichen. Erst der »Gebrauch« vervollständigt das Bild. Nehmen wir den Fall eines Mannes, der Trinker ist. Sein Problem kann aus einer Vielfalt von erblichen und umweltbedingten Faktoren resultieren. Schließlich sieht er ein, daß seine Gewohnheit ihm schadet, und er wird vielleicht beschließen, mit dem Trinken aufzuhören. Obwohl es ihm vermutlich nicht möglich sein wird, durch bloßen Beschluß seine Trinkgewohnheiten abzulegen, ist doch die Möglichkeit der Wahl vorhanden. Er kann Hilfe suchen bei Hypnose, Chemotherapie, Psychoanalyse oder freiwilliger Entzugshaft. Interessanterweise jedoch besteht die erfolgreichste Form von Therapie, wie sie von den Anonymen Alkoholikern durchgeführt wird, darin, an die eigene Verantwortung und Integrität des Menschen zu appellieren und ihn genügend dabei zu unterstützen, den Tatsachen ins Auge zu blicken und Entscheidungen treffen zu können.

Alexander nannte das Entscheidungsvermögen »des Menschen höchstes Erbe«, weil er erkannte, daß die Art und Weise, wie wir es gebrauchen, unser Funktionieren auf allen Ebenen beeinflußt. Er entdeckte, daß er sich selbst auf verschiedene Art und Weise »gebrauchen« konnte, und daß einige Arten des »Gebrauchs« hinsichtlich des Funktionierens besser als andere waren. Wir alle wissen, daß die Art und Weise, wie wir ein Werkzeug gebrauchen, seine Tauglichkeit bestimmt. Ein Schraubenzieher, den wir als Meißel verwenden, wird nicht nur untauglich sein, er wird auch kaputt gehen. Freilich ist die Analogie zu der Art und Weise, wie wir uns selbst gebrauchen, unzulänglich, weil das Selbst ein so komplexes Werkzeug ist – und dennoch »gebrauchen« wir uns andauernd selbst, bewußt oder unbewußt, besser oder schlechter.

Die Auswirkungen fehlerhaften »Selbstgebrauchs« werden gern übersehen. Das kommt daher, daß schlechter Selbstgebrauch im allgemeinen keine unmittelbar zu beobachtenden ernsthaften Folgen hat. Er ist wie der stete Tropfen, der den Stein aushöhlt. In *The Universal Constant in Living* stellt Alexander fest:

> Eine gute Art und Weise des Selbstgebrauchs übt einen positiven Einfluß auf das allgemeine Funktionieren aus, der nicht nur andauert, sondern sich im Laufe der Zeit verstärkt; d. h. er wird zu einem ständigen Einfluß, der stets dahin tendiert, das Funktionsniveau und das Reaktionsvermögen zu verbessern. Ein schlechter Selbstgebrauch andererseits übt einen ständigen negativen Einfluß aus, indem er dahin tendiert, das allgemeine Funktionsniveau zu senken. Er wird zu einem *fortwährenden* Störfaktor bei jeder funktionalen Aktivität, die aus unserer Reaktion auf innere und äußere Reize resultiert und beeinträchtigt die Art und Weise jeglicher Reaktion.[2]

Bezeichnenderweise waren unter den Interessenten für Alexander-Technik seit jeher viele Musiker, Schauspieler und Tänzer, Menschen also, deren beruflicher Erfolg unmittelbar von der Qualität ihres Selbstgebrauchs abhängt. Da der »Gebrauch« verschiedene Funktionsebenen beeinflußt – die physische, die emotionale und die geistige – wollen wir nun die Auswirkung der Alexander-Technik auf dieses Verhältnis betrachten. Diese Auffächerung in verschiedene Ebenen dient übrigens nur dem Zweck der Analyse; im praktischen Leben gebrauchen wir uns selbst immer als Ganzheit.

Am leichtesten zu beobachten ist die Auswirkung schlechten Selbstgebrauchs auf unsere körperliche Kondition. Ärzte kennen seit langem eine Reihe von Krankheiten, die vielfach keine organischen Ursachen zu haben scheinen. Dazu gehören die sprichwörtlichen Kreuzschmerzen, Kopfschmerzen, Müdigkeit und Asthma. Man nennt sie »funktionelle Störungen« oder »psychosomatische Probleme«, und die Ärzte vermögen sie – wenn überhaupt – nur durch verschiedene lindernde Maßnahmen zu behandeln. Schlagen diese nicht an, so wird der Patient gewöhnlich an einen Psychiater überwiesen.

In seiner klassischen Untersuchung *Body Mechanics* legt Dr. J. E. Goldthwaite dramatische Fotos vor, die den Druck und die Stauungen erkennen lassen, denen die inneren Organe infolge unseres schlechten Körpergebrauchs ausgesetzt sind. Die Aufnahmen zeigen, wie die Achtlosigkeit, mit der wir unseren Körper gebrauchen, ihren Tribut fordert, indem die Atmung beeinträchtigt und die Gelenke und inneren Organe übermäßig zusammengepreßt werden.

Dr. Wilfred Barlow, ein bekannter Arzt und Lehrer der Alexander-Technik, hat festgestellt, daß Fehlgebrauch gewöhnlich ein Hauptfaktor bei der Entstehung und Fortdauer von Rheuma, Rückenschmerzen, Arthritis, Atembeschwerden, Übererregbarkeit, Erschöpfung, Magen-Darmstörungen, Kopfschmerzen und gewissen Sexualproblemen ist. Er berichtet von Behandlungserfolgen in all diesen Fällen durch Umerziehung seiner Patienten mit Hilfe der Alexander-Technik. Seine Behandlungsweise richtet sich stets auf den ganzheitlichen Gebrauch und nicht auf spezifische Symptome. Barlow unterstreicht auch die Bedeutung der Alexander-Technik bei der Umorientierung von der traditionellen Medizin der Behandlung von Leiden zur Präventivmedizin.

Zahlreiche weitere Ärzte haben den Wert der Alexander-Technik für die Verhütung und Behandlung von Krankheiten erkannt. In einem Schreiben an das *British Medical Journal* von 1936 haben neunzehn prominente Ärzte bezeugt, daß sie selbst bei chronischen Fällen fortlaufende Besserungen an Patienten beobachten konnten, die Alexander-Lektionen erhalten hatten. Sie wiesen mit Nachdruck darauf hin, daß Fehlgebrauch ein Hauptfaktor bei der Entstehung von Krankheiten ist und daß die Diagnose, wenn sie den Einfluß des Selbstgebrauchs auf das Funktionieren nicht berücksichtigt, unvollständig ist. In jüngerer Zeit hat Alexanders Werk in Dr. John

Zwei Gemälde, die sehr unterschiedliche Qualitäten des Selbstgebrauchs illustrieren. Ter Brugghens Lautenspieler wirft beim Singen den Kopf in den Nacken und drückt auf den Kehlkopf. Holbeins Porträt dagegen zeigt die ausgewogene Haltung des Erasmus von Rotterdam beim Schreiben. Sein Körper ist aufgerichtet, doch nicht steif, und seine Finger scheinen den Federhalter zu liebkosen.

Diamond, dem Präsidenten der Internationalen Akademie für Präventivmedizin, und in Nikolaas Tinbergen, Nobelpreisträger für Medizin, prominente Befürworter gefunden.

Einfach gesagt, resultiert schlechter Körpergebrauch aus unausgeglichener Koordination – einige Körperteile verrichten zuviel Arbeit, andere zu wenig. Ein klassisches Beispiel ist das Aufheben von Gegenständen. Die meisten Leute verspannen dabei übermäßig Schultern, Nacken und Arme, während sie ihren Rücken zusammenpressen und die Beine versteifen.

Wenn Sie sich heute abend die Zähne putzen oder wenn Sie das nächste Mal nach einem Bleistift greifen, achten Sie bitte auf die Art und Weise, wie Sie Ihre Energie verteilen. Müssen Sie wirklich Ihren Nacken verkrampfen und Ihren Atemfluß unterbrechen, um diese Dinge zu tun? Und falls Sie nichts Ungewöhnliches feststellen können, sollten Sie das Kapitel über die unzuverlässige Einschätzung der Sinneswahrnehmung aufschlagen (s. S. 59).

All dies mag nicht so besonders wichtig erscheinen. Aber es lohnt sich, die Worte des Philosophen Herbert Spencer zu überdenken:

> Jede Fähigkeit bedarf ihrer geeigneten Ausübung, um angemessen zu funktionieren; und wenn ihre Funktion ersatzweise für sie ausgeführt wird, so unterbleibt die erforderliche natürliche Anpassung; die Natur wird deformiert, um sich den künstlichen statt den natürlichen Gegebenheiten anzupassen.[3]

Im Laufe der Jahre haben meine Versuche, meinen eigenen »Gebrauch« zu verfeinern, zu Verbesserungen sowohl der Funktion als auch der Struktur geführt. Nach meinen ersten paar Alexander-Lektionen wurde deutlich, daß ich »künstliche Vorkehrungen« bei meinen Bewegungen traf. So neigte ich beispielsweise dazu, beim Bücken meine Knie zu versteifen und in der Taille einzuknicken, statt meine Hüft- und Kniegelenke richtig zu benutzen. Zugleich fand ich, daß ich durch das Versteifen der Knie dazu neigte, den Atem anzuhalten und daß meine Lendenwirbel an der Stelle verschoben wurden, von der aus ich mich bückte. Dies war bloß ein Aspekt aus einem Muster von fehlerhaftem Selbstgebrauch, das sich nicht nur auf mein Funktionieren schädlich auswirkte, sondern auch meine Gesamtstruktur entstellte – und es war mir eine Offenbarung, zu entdecken, wo meine Gelenke sich tatsächlich befinden und wie sie zusammenarbeiten sollten. Inzwischen habe ich an Gesundheit und Vitalität zugenommen und leide weder unter Rückenschmerzen noch unter einem steifen Nacken. Ich bin über einen Zentimeter größer geworden, mein Rücken ist breiter, und zudem verspüre ich ein wachsendes Gefühl der Freiheit und Bewegungsfreude bei allem, was ich mache.

Verbesserte Vitalität und Gesundheit haben natürlich auch positive Auswirkungen auf das Gefühlsleben. Doch reicht die Bedeutung des »Gebrauchs« im emotionalen Funktionieren noch viel tiefer. Aldous Huxley sagte: »Wenn man einen Menschen lehrt, sich erst einmal seines physischen Organismus bewußt zu werden und diesen dann so zu gebrauchen, wie es seiner natürlichen Funktionsweise entspricht, dann kann man oft seine gesamte Lebenseinstellung ändern und ihn von seinen neurotischen Tendenzen heilen.« Huxleys Aussage beruht zum Teil auf der von Dewey formulierten Feststellung, daß »alle psychischen Komplexe ihre Grundlage in organischen Unausgeglichenheiten und Spannungen mit kompensatorischer Schlaffheit haben«. Hierbei ist es wichtig, zu verstehen, daß spezifische »Unausgeglichenheiten und Spannungen« nicht-isolierbare Komponenten eines Gesamtmusters darstellen.

Dieses Muster ist das Ergebnis von zwei Hauptfaktoren. Der erste, der von den Reichianern, Bioenergetikern und Gestaltpsychologen erforscht wurde, betrifft den Zusammenhang zwischen emotionalem Aufruhr und Trauma – vor allem in früher Kindheit – und der Bildung von »Energieblockaden« und »Charakterpanzerung«. Mit anderen Worten, unsere Reaktion auf seelisch belastende Erfahrungen bringt unseren Körper in ein chronisches Ungleichgewicht. Wir neigen dazu, die »Erinnerung« an ein traumatisches Ereignis in irgendeinem Körperteil zu fixieren. Im Laufe der Zeit wird diese muskuläre Erinnerung Teil des Gesamtmusters; sie wird in den Selbstgebrauch der betreffenden Person integriert. Sofern man nicht die Verantwortung für seinen »Gebrauch« übernimmt, bleibt die Erinnerung unweigerlich bestehen.

Der zweite Faktor wurde von Dr. Barlow in *The Alexander Principle* (dt.: *Die Alexander-Technik*, München 1984) aufgezeigt. Er schreibt: »Viele gewohnheitsmäßigen Haltungen drücken nicht unmittelbar eine Emotion aus, sondern sind vielmehr eine Position, aus der heraus bestimmte Verhaltensweisen und Emotionen möglich sind.« Mit anderen Worten, gewisse innere Haltungen wie Depression oder Freude sind nur möglich im Zusammenspiel mit gewissen Konfigurationen der Muskulatur. Barlow sagt weiter, daß diese Konfigurationen nicht unbedingt durch ausgesprochen gefühlsmäßige Reaktionen entstehen, sondern zum Beispiel auch »durch die Art und

Weise, wie wir unseren Körper in stets wiederholten Arbeitssituationen gebrauchen«:

Eine Büroangestellte, ein Ingenieur am Fließband, ein Lastwagenfahrer, eine Mutter, die sich über ihr Baby beugt, ein Zahnarzt, ein Pianist führen bestimmte Tätigkeiten so oft aus, daß diese Personen schließlich die entsprechenden verkrampften Haltungen selbst dann einnehmen, wenn der eigentliche Druck und die Belastungen ihrer Arbeit nicht mehr vorhanden sind. Die verbleibende Restspannung muß nicht bewußt sein; nach einer gewissen Zeit bleibt fast immer eine gewisse Verspannung bestehen. Die Summe der verschiedenen, nur kurze Zeit eingenommenen Körperstellungen findet schließlich ihren Ausdruck in einer Körperhaltung – oder in einer begrenzten Zahl von verschiedenen Körperhaltungen –, die den Charakter der betreffenden Person bestimmen . . . Schrittweise und zunächst unauffällig werden wir so zu Sklaven unserer Vergangenheit.[4]

Meine Arbeit mit der Alexander-Technik half mir, mein »Repertoire« an Haltungen und Gewohnheiten und die damit verbundenen Gefühlsmuster bewußt zu machen. Ich habe gelernt, was ich mit mir mache, wenn ich Angst habe, deprimiert bin, nervös, unaufrichtig, glücklich, aufmerksam und so fort. Jedes dieser Gefühle findet den ihm eigenen Ausdruck in einer bestimmten Körperhaltung. Seit ich mit den Feinheiten der verschiedenen Muster vertrauter geworden bin, sehe ich mich besser imstande, stereotype und unreife Verhaltensweisen zu ändern. Diese Muster repräsentieren unseren Charakter. Was mich »charakterisierte«, war ein gehobener Brustkorb, ein verspannter Bauch, ein vorgeschobener Unterkiefer und vorgewölbte Schultern – die klassische männliche defensiv-aggressive Haltung. Mittlerweile kann ich mir die für besondere Gelegenheiten aufsparen!

Die Alexander-Technik setzt einen sich ständig vertiefenden Prozeß von Entdeckungen und Veränderungen in Gang, einen Prozeß, der langsam, doch nachhaltig wirkt. Seine Dynamik ist von Frank Jones gut beschrieben worden:

Die Veränderungen, die ich an mir bemerkte, waren oft unerwartet; doch waren sie niemals von irgendeinem plötzlichen oder gewaltsamen Gefühlsausbruch begleitet, und sie ließen mich niemals in einem Gefühl von Hilflosigkeit zurück. Die Alexander-Technik vermittelt das Wissen und die Freiheit, sich zu ändern; aber es ist eine Änderung gemäß einem Entwicklungsmodell. Es gibt kein Muß. Veränderungen finden statt, wenn man dafür reif ist und sie zulassen kann. Gewohnheitsmäßige Spannungen, die sich über einen langen Zeitraum hinweg gebildet haben, beschränken die Entwicklung und verhindern die freie Ausdrucksmöglichkeit der Persönlichkeit. Doch dienen sie auch als Schutz in Situationen, in denen sich die Person, zu recht oder unrecht, verwundbar oder unzulänglich fühlt. Die Alexander-Technik beraubt einen nicht dieses »Charakterpanzers«, solange er noch gebraucht wird. Lektionen in der Technik setzen einen organischen Verwandlungsprozeß in Gang, der nach und nach alte Gewohnheiten durch neue Gewohnheiten ersetzt, die flexibel sind und selber wieder geändert werden können. Dieser Veränderungsprozeß ist nicht unvernünftig. Er kann durch die Intelligenz in Bahnen gelenkt werden, die der optimalen Entwicklung der eigenen Persönlichkeit dienen.[5]

Wie einer meiner Kollegen sich ausdrückt: »Die Alexander-Technik deckt immer die Risse hinter der Tapete auf; aber sie tut das nur, wenn der Betreffende genügend Gips hat, sie wieder auszufüllen.«

Dewey glaubte, daß die Technik eine Methode zur Klärung und Bewußtwerdung von Emotionen sei.

Auf der intellektuellen Ebene fand es Dewey, nachdem er die Technik studiert hatte, viel leichter, eine einmal bezogene philosophische Einstellung zu behalten, oder aber Sie zu wechseln, wenn eine neue Einsicht diesen Wechsel erforderlich machte. Er stellte seine eigene Haltung in Gegensatz zu der Starre anderer akademischer Denker, die zu Beginn ihrer Laufbahn eine Position beziehen und fortan die Kraft ihres Intellekts daran wenden, diese Position unentwegt zu verteidigen.[6]

Dewey glaubte, daß die Hervorbringung von Ideen und deren Umsetzung von der Gewohnheit abhängig sei:

»Eine Vernunft, die frei ist von jeglichem Einfluß schon bestehender Gewohnheit, ist eine Fiktion«, sagte er und fügte hinzu: »Der wirkliche Gegensatz ist nicht der zwischen Vernunft und Gewohnheit, sondern der zwischen routinemäßiger, unintelligenter Gewohnheit und zwischen intelligenter Gewohnheit oder Kunst.[7]«

Wir brauchen schöpferische und angemessene Gewohnheiten, um mit unserer komplexen Welt fertig zu werden. Die Schlüsselfunktion des Intellekts besteht darin, die Effektivität der Gewohnheit zu überwachen und zu bestimmen, wo Änderungen nötig sind. Insofern ist er einem guten Industriemanager vergleichbar, der seine Untergebenen überwacht und anleitet, ohne zu versuchen, ihre Arbeit für sie tun.

Die Intelligenz muß in einem ausgewogenen Verhältnis zu unseren übrigen Funktionen stehen. In unserer Kultur leben viele Menschen »in ihrem Kopf«. (Dewey selbst war, bevor er Alexander kannte, ein hervorragendes Beispiel dafür.) Die Entwicklung der körperlich-geistigen Koordination, die durch verbesserten Selbstgebrauch entsteht, schafft einen praktischen Rahmen, in dem die Intelligenz zur Wirkung kommt. Auf diese Weise kann unser Intellekt ein fähiger Diener werden statt eines unfähigen Herrn.

Die Organisation unserer körperlichen, emotionalen und intellektuellen Funktionen ist äußerst komplex. Wichtig ist, uns daran zu erinnern, daß uns freigestellt ist, wie wir diese drei Funktionen anwenden. *Die fundamentalste Form des Fehlgebrauchs ist, keine Wahl zu treffen.* Wir können uns entscheiden, eine Wahl zu treffen! Ein Kriterium, das wir dieser Wahl zugrundelegen müssen, ist die Wirkung, die sie auf unser Funktionieren haben wird. Eines der Ziele der Alexander-Technik ist, durch eine ausgewogene Energieverteilung die für »natürliches Funktionieren« notwendigen Voraussetzungen zu schaffen, wobei jeder Teil des Systems seine eigene Arbeit in Harmonie mit den übrigen Teilen verrichtet. Das ist die eigentliche Bedeutung von »Ausgewogenheit«. Der Körper ist unser Instrument zur Erfüllung unserer Aufgabe auf Erden. Dieses Instrument kann grob und dumpf oder fein gestimmt und empfänglich sein – wir haben die Wahl.

Chinesische Akrobaten auf einem Fahrrad – ein vollendetes Beispiel für Ausgewogenheit in der Aktion

Die ganze Person

Das im vorigen Kapitel erwähnte dreifache Modell menschlichen Funktionierens ist ein nützliches Denkmodell, um viele unserer persönlichen Schwierigkeiten zu verstehen, solange wir nicht vergessen, daß das Ganze mehr ist als die Summe seiner Teile. Die meisten Schwierigkeiten auf der persönlichen Ebene sind das Ergebnis von Konflikten zwischen diesen Teilen. Unser Körper sagt uns etwas, unsere Gedanken etwas anderes und unsere Gefühle wieder etwas anderes (z. B. »ich habe Lust auf Kuchen: nein, ich darf nicht; ich habe ein schlechtes Gewissen, weil ich so viel esse«, und so weiter).

Dieses vereinfachte Beispiel veranschaulicht, was ich das individuelle Körper-Geist-Problem nenne. Wir verhalten uns oft so, als wären wir nicht ein ganzheitliches System, sondern eine Ansammlung verschiedenartiger kleiner Persönlichkeiten. So wie unser Nacken und unsere Schultern oft die Arbeit für unseren Rücken übernehmen, so übernehmen unsere Gefühle oft die Arbeit unseres Intellekts und umgekehrt. Dieser unwirtschaftliche Gebrauch unserer Energien schafft innere Konflikte und kann das Identitätsgefühl eines Menschen zerstören.

Solch ein Mangel an innerer Harmonie erscheint nicht so überraschend, wenn wir die Art der Institutionen betrachten, die unsere Gesellschaft beherrschen. In Deweys Worten: »Die Welt erscheint verrückt in ihrer Versessenheit auf alles, was spezifisch, besonders isoliert ist – vor allem im Bereich der Medizin, Politik, Wissenschaft, Industrie und Erziehung.[1]«

In der Medizin beispielsweise werden allzuoft Teilgebiete statt des Ganzen behandelt. In den vergangenen Jahren haben sich die Ärzte mehr und mehr spezialisiert, und die Allgemeinmedizin hat das Image einer ziemlich glanzlosen Form medizinischer Fürsorge erhalten. Das kann bedeuten, daß ein spezieller Arzt zum Beispiel alles über Ihre Augen weiß, oder über Ohren, Hals und Nase, dazu eine ganze Menge über Ihren übrigen Körper, doch so gut wie nichts über Ihre Gesamtverfassung. Die westliche Medizin konzentriert sich mehr auf die unmittelbare Linderung spezifischer Symptome als auf die zugrundeliegenden Ursachen. Bei dem Versuch, das Erscheinungsbild von Krankheit zu unterdrücken, werden fortwährend neue und stärkere Medikamente entwickelt. Bis zu einem gewissen Grad wirken diese

Medikamente, gleichzeitig aber schaffen sie resistente Stämme von Viren und Bakterien, wie auch eine ganze Reihe von Nebenwirkungen, von denen einige – wie z. B. bei Contergan – ganz entsetzlich sein können. Auf einem weniger dramatischen Niveau dokumentiert der weitverbreitete Gebrauch von Aspirin, Tranquilizern und anderen alltäglichen Drogen unsere Unfähigkeit, zur Wurzel unserer Probleme vorzudringen.

Dieses »beziehungslose« Vorgehen zeigt sich auch in unserem Erziehungssystem, das noch immer Prüfungsergebnisse für wichtiger hält als wirkliches Lernen. Unseren Kindern werden Unmengen isolierter und häufig beziehungsloser Informationen eingetrichtert, die sie auf Kommando wie Papageien wiederholen müssen. Sie werden gedrillt und aufgrund ihrer Dressurakte in einer Reihe separater Fächer beurteilt. Leibeserziehung (Sport) wird meist lediglich als ein weiteres »Fach« angesehen, das für sich steht und nicht so wichtig ist wie Lesen, Schreiben und Rechnen. Die bloße Bezeichnung »Leibesübungen« legt den Glauben nahe, daß Geist und Leib unabhängig voneinander erzogen werden können.

Angesichts dieser Unausgeglichenheiten haben viele Menschen die Notwendigkeit ganzheitlichen Denkens erkannt. Sie sind sich darüber im klaren, daß der Ausgangspunkt im Individuum selbst liegt. Die außerordentliche Popularität östlicher Philosophie und westlicher Psychotherapie beweist das zur Genüge. Aber wie können wir vermeiden, uns diesen Disziplinen in derselben beziehungslosen Art und Weise zu nähern, in der wir »beschult«, »behandelt« und zugerichtet worden sind? Professor Dewey sah dieses Problem, als er in seiner Einleitung zu *Man's Supreme Inheritance* schrieb:

> Wenn die Organe einer gegebenen Struktur, sei sie nun physiologisch, mental oder sozial, aus dem Gleichgewicht geraten, wenn sie unkoordiniert sind, dann sind spezifische und limitierte Heilungsversuche nur ein Trainieren des zerrütteten Mechanismus. Indem sie die eine Struktur »verbessern«, produzieren sie andernorts eine kompensatorische Fehlanpassung.

Kein Zweifel, wir müssen eine ausgewogene Methode finden, um uns selbst näherkommen zu können. Der Vorzug von Alexanders Arbeit liegt darin, daß seine Idee der psychophysischen Einheit keine bloß theoretische ist – sie ist das Ergebnis seiner eigenen Erfahrung von Ganzheit. Zu Beginn des experimentellen Prozesses, der ihn zu seiner Entdeckung führte, glaubte er wie die meisten, daß »Geist« und »Körper« separate Wesenheiten seien. Die Erfahrung zeigte ihm bald, daß dem nicht so ist. Zunächst wurde ihm klar, daß sein Stimmproblem nicht nur aus dem Fehlgebrauch seines stimmlichen Mechanismus resultierte, sondern vielmehr durch eine Reaktion seines ganzen Körpers verursacht wurde. Später fand er, daß jeder Plan, wie z. B. »einen Satz zu sprechen«, unweigerlich mit einer Reaktion seines ganzen Körpers einherging. Diese Entdeckungen, die er an sich selbst gemacht hatte, wurden durch seine Unterrichtserfahrung bestätigt; und er gewann die Überzeugung, daß das sogenannte »Mentale« und »Physische« nicht voneinander zu trennen sind und daß demzufolge menschliche Mängel und Schwächen nicht isoliert betrachtet und behandelt werden dürfen. Er bewies, daß jegliches Training, welcher Art auch immer, auf der Voraussetzung beruhen müsse, daß der menschliche Organismus immer als Ganzes funktioniert und nur als ein Ganzes *von Grund auf* geändert werden kann.

Ein praktisches Verständnis für die Idee der psychophysischen Einheit zu gewinnen, ist nicht ganz leicht. Oft kommen die Leute, um Alexander-Lektionen wegen Rückenschmerzen oder irgendeines anderen Symptoms zu nehmen. Sie sind überrascht, daß sie nicht gebeten werden, sich für eine Untersuchung zu entkleiden und daß keine Diagnose ihres Leidens gestellt wird. Andere, die vielleicht ein emotionales Problem haben, sind gleichermaßen überrascht, daß die Lektion nicht um die Analyse von Traumata, den »Charakterpanzer« oder Vorfälle in der Vergangenheit kreist. Neue Schüler fragen oft nach Übungen, die sie zu der Erfahrung führen könnten, die sie in den Stunden machen. Es dauert eine Weile, bis sie verstehen, daß jede Übung nur eine Einübung ihrer schlechten Gewohnheiten bedeuten würde. Wenn jemand die Gewohnheit hat, jedesmal, wenn er irgendeine Bewegung macht, seinen Nacken zu versteifen und sich selbst zu diskoordinieren, dann wird er bei dem Versuch, eine Übung auszuführen, seinen Nacken noch mehr versteifen und sich noch mehr diskoordinieren.

Wenn ein Alexander-Lehrer seine Hände an einen Schüler legt, so hat er ein Gespür für die Möglichkeiten dieser Person, sich selbst als Ganzheit zu koordinieren. Er wird nicht versuchen, eine steife Schulter oder Hüfte zu behandeln; vielmehr wird er seinen Schüler darin unterweisen, diese Teile in eine funktionierende Einheit zu

Betender Indianer – ein offener Geist spiegelt sich in einer offenen Körperhaltung

integrieren. Auch wird er nicht versuchen, eine Depression zu heilen, sondern vielmehr seinen Schüler zu lehren, wie er sich selbst auf eine Weise »gebrauchen« kann, die weiterer Depression vorbeugt.

Mir ist heute klar, daß ich damals, als ich kam, um meine ersten Alexander-Stunden zu nehmen, all diese falschen Vorstellungen teilte, obwohl ich zur gleichen Zeit – hauptsächlich aus theoretischen Erwägungen heraus – an die Einheit von Geist und Körper zu glauben behauptete. Erst nachdem ich die Technik für einige Zeit studiert hatte, wurde dieser Glaube für mich praktische Realität. Meine eigene Entdeckung entsprach in einem gewissen Grade derjenigen Alexanders. Zuerst wurde mir spürbar bewußt, daß mein Körper als ein Ganzes funktionierte. Eine Erfahrung, die ich in einer meiner ersten Stunden machte, trug viel zu meinem Verständnis bei. Der Lehrer hatte seine Hand auf meinem Nacken und forderte mich auf, die unnötige Spannung zu vermindern, die ich in meinem rechten Fußgelenk erzeugt hatte. Ich hatte den deutlichen Eindruck, daß er all die Spannungen in meinem Körper spüren konnte, daß er mich besser kannte als ich mich selbst. Als ich dann mein rechtes Fußgelenk entspannte, war es mir plötzlich möglich, eine Verbindung zwischen meinem Nacken und meinem Fuß zu empfinden, die ich nie zuvor gespürt hatte. Dann, als ich weitere derartige Verbindungen erfuhr, begann ich zu erkennen, was ich mit mir selbst machte, um Zusammenhänge zu unterbrechen. Ich entdeckte, daß das, was ich tat, nicht bloß etwas Physisches war, sondern auch etwas Mentales und Emotionales. Anders gesagt, ich erlebte die Einheit dieser Elemente in Aktion. Meine großartigste Einsicht kam mir nach einer Stunde, in der ich das Gefühl hatte, vollkommen integriert Körper-und-Geist zu sein. Da war einfach *ich* – da waren keine Einzelteile mehr. Und obwohl der Eindruck sich mit der Zeit wieder verwischte, hatte ich einen Geschmack davon bekommen, was mein volles Potential sein könnte.

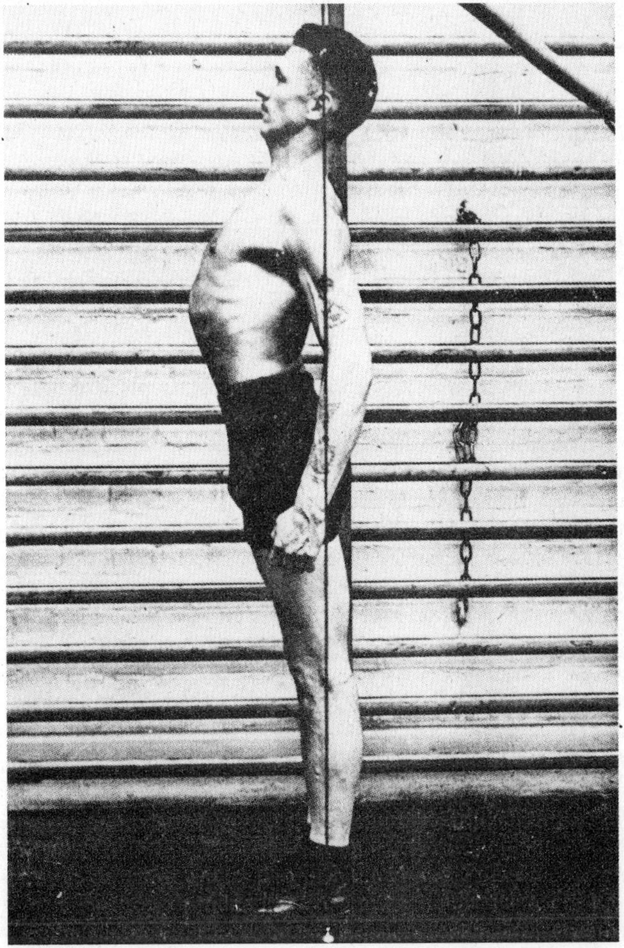

»Der Feldwebel.« Dieses Paradebeispiel für die »Kinn 'rein – Brust 'raus – Schultern zurück – Bauch 'rein«-Ideologie des Körpergebrauchs wurde von Alexander in sein Buch *The Universal Constant in Living* aufgenommen. Es illustriert die übermäßige Verspannung und Starrheit, die durch das Trainieren spezieller Muskelgruppen kultiviert wird. Je größer die Mühe, die auf diese Form der Konditionierung verwandt wird, desto schlimmer die daraus resultierende Verunstaltung und Abweichung von der natürlichen Ausrichtung.

Primärkontrolle

In *The Endeavour of Jean Fernel* schreibt Sir Charles Sherrington:

»Mr. Alexander hat den Humanwissenschaften einen Dienst erwiesen, indem er nachdrücklich jede Handlung als etwas betrachtet, wovon das gesamte Individuum, der ganze psychophysische Mensch in Anspruch genommen wird. Einen Schritt zu tun ist eine Angelegenheit nicht nur dieses oder jenes Körperteils, sondern der totalen neuromuskulären Aktivität im jeweiligen Augenblick – nicht zuletzt derjenigen von Kopf und Nacken.[1]«

In der Tat, nicht zuletzt von Kopf und Nacken! Alexander entdeckte erstens, daß das Verhältnis von Kopf und Nacken sich unmittelbar auf die Verfassung seines Kehlkopfs und Atemmechanismus auswirkte und zweitens, daß der Gebrauch von Kopf und Nacken der Primärfaktor beim Koordinieren des Gebrauchs seines übrigen Organismus war. Er funktionierte am besten, wenn er sich aufrichtete; und dies kam zustande, wenn er einen »Gebrauch« seines Kopfes zuließ, den er als »nach vorn und oben« im Verhältnis zu seinem Nacken und Rumpf beschrieb. Sie werden sich erinnern, daß Alexander anfangs, als er versuchte, seinen Kopf nach vorn und oben zu »halten«, dies nicht zu tun imstande war. Schließlich wurde ihm klar, daß er nicht irgend etwas »halten« oder »tun«, sondern vielmehr einen Prozeß des Nichteingreifens (*inhibition*) und bewußter Zielsetzung (*direction*) in Gang setzen mußte.

Mit anderen Worten, Alexanders Erfahrung lehrte ihn, daß das Verhältnis zwischen Kopf, Hals und Rumpf primär bestimmend war für sein Funktionsniveau und für die Organisation seiner Reaktionen in ein koordiniertes Ganzes. Er prägte für dieses Verhältnis den Ausdruck »Primärkontrolle«.

Alexander wurde oft dahingehend mißverstanden, als habe er eine »richtige Position« für den Kopf postuliert; und »Primärkontrolle« wurde vielfach mißdeutet, als solle damit ein besonderes anatomisches

Die fein abgestimmte, gesammelte Haltung von Kopf, Hals und Rumpf ermöglicht einen hohen Grad von Empfindsamkeit und Achtsamkeit. Voraussetzung für ein harmonisches Spiel mit dem Instrument ist die Harmonie im eigenen Selbst.

Zentrum oder eine Art magischer Auslöser bezeichnet werden. Das stimmt einfach nicht. Die Primärkontrolle ist ein dynamisches, sich fortwährend änderndes Verhältnis, das immer und in jeder Lage – mehr oder minder gut – funktioniert. Allerdings sind einige Positionen des Körpers sowohl in ihrem praktischen Nutzeffekt wie in ihren Auswirkungen auf die Funktion offensichtlich besser als andere. Alexander bezeichnete sie als »mechanisch vorteilhafte Positionen«. *Doch befaßt sich die Alexander-Technik in erster Linie nicht damit, bessere Haltungen zu lehren, sondern vielmehr den besseren »Gebrauch« unserer selbst, der dann zu einer besseren Haltung führt.*

Am besten sieht man das richtige Funktionieren der Primärkontrolle an den Bewegungen von Tieren, Kleinkindern und einigen wenigen Erwachsenen. Zu meinen Lieblingsbeispielen gehören Muhammad Ali auf seinem Höhepunkt, Arthur Rubinstein und Michael Baryschnikow. Diese Menschen zeigen Grazie und Leichtigkeit in jeder ihrer Bewegungen. Man vergleiche das ausgewogene Verhältnis zwischen Kopf, Nacken und Rücken mit dem, was man so bei Leuten im Zug oder in der Bar zu sehen bekommt, oder mit einem klassischen Beispiel für schlechte Koordination wie Richard Nixon.

Kopf, Hals und Rumpf stehen in einem äußerst empfindlichen und verletzlichen Positionsverhältnis zueinander. Der Kopf, welcher Gehirn, Augen, Ohren, Nase und Mund beherbergt, ist auch Sitz der zwei wichtigsten Gleichgewichtsmechanismen – des Auges und des Innenohrs. Das Gleichgewicht des Kopfes im Verhältnis zum übrigen Körper gewinnt noch an Bedeutung, wenn man es entwicklungsgeschichtlich untersucht. Die aufrechte Haltung ist das Ergebnis von Jahrmillionen der Entwicklung und das fortgeschrittenste Stadium des Evolutionsprozesses. Sie gewährleistet dem Menschen die Möglichkeiten größerer Freiheit und befähigt ihn zu einem umfassenden Repertoire an Bewegungen, das die Möglichkeiten aller anderen Säugetiere in den Schatten stellt. Sie erweitert seinen Gesichtskreis, setzt seine oberen Extremitäten frei und ermöglicht dadurch diffizile Handbewegungen. Sie steigert seinen Vorrat an potentieller Energie, indem sie ihm erlaubt, Bewegungen auf möglichst ökonomische Weise auszuführen, solange der ausbalancierende Mechanismus nicht gestört wird. Und sie fördert das bestmögliche Funktionieren der lebenserhaltenden Systeme des Körpers (z. B. Atmung, Kreislauf, Verdauung), der Intelligenz und des Gefühls.

Welchen Gebrauch machen wir von diesem angestammten Recht? Prof. Raymond Dart, eine Autorität auf dem Gebiet der Anatomie, schrieb, daß schlechte Körperhaltung der städtischen Zivilisation allgemein verbreitet sei.[2] Obwohl die meisten Leute zu wissen glauben, was eine gute Körperhaltung ist, entschuldigen sie sich meistens dafür, sie nicht zu haben. Der Begriff »Haltung« weckt leicht negative Assoziationen an Schulzwänge und Kasernenhofdrill. Die meisten Leute verschwenden überhaupt keinen Gedanken auf diese Tatsache.

Wenn wir die voll aufgerichtete Haltung aufgeben, so verzichten wir zugleich auf die Möglichkeit, unser Gesamtpotential auszuloten. Bedauerlicherweise scheinen wir uns nicht klarzumachen, daß die Entscheidung hierüber bei uns selbst liegt. In diesem Zusammenhang schreibt Walter Carrington:

> Je mehr wir darüber lernen, wie der Organismus funktioniert, desto deutlicher wird, daß wir nicht erwarten können, durch direkte kortikale Vermittlung viel zu erreichen. (Aus diesem Grunde sind auch Ermahnungen so hoffnungslos ...) Die Art der Kontrolle, die bewußt geübt werden kann, ist eine Kontrolle der Entscheidung, ist der Entschluß, auf eine gewisse Art, in einer bestimmten Richtung, zu einer bestimmten Zeit zu handeln oder nicht zu handeln.[3]

Auch Sir Charles Sherrington hat geschrieben:

> Die Macht des Gehirns über die Maschinerie der Reflexe äußert sich nicht etwa als Einmischung in einzelne Reflexe; vielmehr diktiert sie dem Reflexmechanismus: »Du sollst handeln!« oder: »Du sollst nicht handeln![4]«

Als Alexander versuchte, sein Stimmproblem zu lösen, entdeckte er, daß der Versuch »direkter kortikaler Vermittlung« bzw. der »Einmischung in einzelne Reflexe« (indem er z. B. versuchte, seinen Kopf nach vorn und oben zu »halten«) ihn nicht weiter brachte. Vielmehr mußte er sein Entscheidungsvermögen verfeinern, so daß er dem Reflexmechanismus, der die voll aufgerichtete Haltung ermöglicht, den Befehl zum Handeln erfolgreich übermitteln konnte.

Dewey begriff die Bedeutung dieser Entdeckung, als er schrieb:

> Diese Entdeckung korrigiert die übliche Vorstellung vom bedingten Reflex. Letzterer, so wie er allgemein verstanden wird, macht das Individuum zu einer passiven Marionette, die durch äußere Manipulation in Gang gesetzt wird. Die Entdeckung einer zentralen Kontrolle, die alle anderen Reaktionen bedingt, bringt den bedingenden Faktor unter bewußte Kontrolle und versetzt das Individuum in die Lage, die eigenen Möglichkeiten durch die eigenen koordinierten Aktivitäten auszuschöpfen.[5]

Die Verhaltensforschung scheint Alexanders Ideen zu bestätigen. George Coghill (1872–1941), ein Biologe, der vierzig Jahre lang die Entwicklung und das Verhalten von Tieren studierte, kam zu dem Schluß, daß jede Bewegung durch das »Gesamtmuster« von Kopf, Hals und Rumpf kontrolliert und integriert wird. Dieses Gesamtmuster dominiert über das »Partialmuster« der Gliedmaßen. Coghill schrieb an Alexander: »Ich bin zutiefst erstaunt, zu sehen, wie Sie schon vor Jahren in der menschlichen Physiologie und Psychologie dasselbe Prinzip aufgezeigt haben, das ich im Verhalten der niedrigen Wirbeltiere herausgearbeitet habe.« Der Biologe Rudolf Magnus (1873–1927) demonstrierte, daß die Kopf-Hals-Rumpf-Beziehung bei der Orientierung eines Tieres in seiner Umgebung der »Zentralapparat« war. Er unterschied zwei grundlegende und komplementäre Formen tierischer Reaktion, die er »Stehreflexe« und »Stellreflexe« nannte. Erblickt eine Katze eine Maus, so dreht sie ihr den Kopf zu, und ihr Körper bereitet sich in einer Reflexhandlung auf den Sprung vor. Das ist der Stehreflex – es ist, als nötige der Kopf dem übrigen Körper der Katze eine spezifische Haltung ab. Verschwindet die Maus aus dem Sichtbereich, so kehrt die Katze in einen ausgewogenen Ruhezustand zurück, wobei wiederum das Verhältnis zwischen Kopf, Hals und Rumpf die entscheidende Rolle in diesem ausgleichenden Reflex (Stellreflex) spielt. Magnus stellt fest:

> Es ist möglich, nur indem man die Haltung des Kopfes ändert, dem ganzen Körper unterschiedliche Posen aufzudrängen. Der Mechanismus als Ganzes funktioniert dergestalt, daß der Kopf führt und der Körper nachfolgt.[6]

Magnus selbst zog den Vergleich zum menschlichen Verhalten, wobei er die Bedeutung der ausgleichenden Stellreflexe hervorhob, welche die Rückkehr zu einem ausgewogenen Ruhezustand ermöglichen. »Auf diese Weise«, fügt er hinzu, »gewinnen alle Sinne des Körpers ihre exakte Beziehung zur Außenwelt zurück.« Die Untersuchungen von Magnus lassen Fehlgebrauch in wieder einem anderen Licht erscheinen – als Störung der Rückkehr der Reflexe zu einem ausgewogenen Ruhezustand – und legen somit nahe, daß die Alexander-Technik als ein Mittel verstanden werden kann, uns von einer

Die natürliche Würde dieses Mannes vom Stamme der Nuba kommt in der aufrechten Haltung und in der Ausgewogenheit seines Kopfes zum Ausdruck.

gewohnheitsmäßigen Einmischung in unsere eigenen »ausgleichenden Reflexe« zu befreien.

Eines der Ziele der Alexander-Technik ist es, dem Schüler die Erfahrung eines ausgewogenen Funktionierens der Primärkontrolle zu vermitteln. Das ist kein Ziel in sich, sondern Vorbereitung auf Aktivität. Ich weiß aus eigener Erfahrung, daß die Qualität einer Handlung sich verändert, wenn dieser ausgewogene Gebrauch in der Bewegung beibehalten wird. Die Bewegung wird leichter und müheloser, die Atmung wird rhythmischer, und innere (propriozeptive) Stimuli werden gleichzeitig mit äußeren (exterozeptiven) Stimuli wahrgenommen, was als eine integrierte Wahrnehmung der Umgebung erfahren wird. Mit anderen Worten: Man hat ein besseres Gefühl dafür, wo man ist (und manchmal auch dafür, *wer* man ist).

Frank Jones hat zu diesen Behauptungen experimentelle Beweise geliefert. Mit Hilfe von stroboskopischen Aufnahmen, elektromyographischer Technik, Röntgenfotografie und einem Spannungsmesser hat er gezeigt, daß die Veränderung in der Ausgewogenheit des Kopfes, wie sie durch die Alexander-Technik erreicht wird, dem von ihm so genannten »Antischwerkraftsystem« förderlich ist. Dieses System, das sich aus dem Rückgrat, dem Bindegewebe und besonderen Muskeln zusammensetzt und die Funktion hat, den Menschen aufrecht zu halten, gehört wesentlich zum Leben und funktioniert fortwährend – mehr oder minder effizient.

Die Alexander-Technik fördert die Dehnung gewohnheitsmäßig kontrahierter Muskeln des Rückgrats, mit dem Ergebnis, daß die aufrechte Haltung durch ein verbessertes Gleichgewicht des Skelett- und Muskelsystems unterstützt wird. Dieses Gleichgewicht spiegelt sich in verbessertem Muskeltonus und einer entsprechenden Verlängerung des Rückgrats wider. Eine Schlüsselrolle spielen bei diesem Längerwerden die mit Flüssigkeit gefüllten knorpeligen Bandscheiben. Wenn die Knochen und Muskeln in ausgewogener Weise zu arbeiten beginnen, werden die Bandscheiben von unnötigem Druck befreit und können sich ausdehnen. Das mag ein Hauptfaktor sein für die kinästhetische Erfahrung von Leichtigkeit und Zunahme an Körperlänge, die eine charakteristische Auswirkung der Alexander-Technik ist.

Der vielleicht interessanteste Aspekt von Jones' Arbeit ist seine Erforschung des »Schreckmusters«, einer stereotypen Reaktion auf plötzliche laute Geräusche. Die charakteristische Reaktion beginnt mit einer Störung der Kopf-Hals-Rumpf-Beziehung, gefolgt von einem Hochziehen der Schultern und einem Verspannen des Brustkorbs und der Knie. All dies hat einen Tonus-Verlust im Antischwerkraftsystem zur Folge. Jones berichtet, daß »wann immer der Reiz stark genug war, um eine Reaktion hervorzurufen, diese in der Halsmuskulatur, und oft nur hier, auftrat.«

Professor Dart hat das Schreckmuster als eine prototypische Antwort auf Furcht beschrieben. Jones, der es ein Paradigma für schlechte Haltung nennt, hat gezeigt, daß es sich von Person zu Person wenig ändert, und daß es als Modell für andere, langsamere Reaktionsmuster dient. Er weist darauf hin, daß Gefühle wie Furcht, Angst, Müdigkeit und Schmerz allesamt durch haltungsmäßige Abweichungen von der Norm gekennzeichnet sind, ähnlich jenen, die sich im Schreckmuster zeigen. Wenn jemand in einen Zustand von Depression, Schmerz oder Furcht verfällt, so ist das Gleichgewicht von Kopf, Hals und Rumpf akut gestört. Wenn dann das Übel abklingt, bleibt dem Betroffenen häufig die Gewohnheit, den Kopf schlecht zu halten. Meine eigenen Beobachtungen haben mich davon überzeugt, daß die meisten Menschen einen Großteil ihrer Zeit in einer modifizierten Form des Schreckmusters zubringen und daß dieses Muster bedauerlicherweise bei vielen älteren Menschen zu einer festen Lebensform geworden ist.

Glücklicherweise ist uns in dieser Angelegenheit die Freiheit der Wahl gegeben. Die Bedeutung der Primärkontrolle liegt darin, daß sie als Schlüssel zur Koordinierung des gesamten Organismus dient. Wenn wir ein Verständnis entwickeln können für die Feinheiten im Ausbalancieren unseres Kopfes, dann können wir beginnen, Verantwortung für unsere ausgleichenden Reflexe zu übernehmen und dadurch uns selbst von eingefahrenen haltungsschädigenden Reaktionen zu befreien. Anders gesagt, indem wir lernen, bewußten Kontakt mit unserem ausgewogenen Ruhezustand aufzunehmen, eröffnen sich uns neue Möglichkeiten spontaner Aktion als Antwort auf den jeweiligen Moment, im Gegensatz zu den stereotypen Reaktionen, die von unserer unbewußten Vergangenheit geprägt sind.

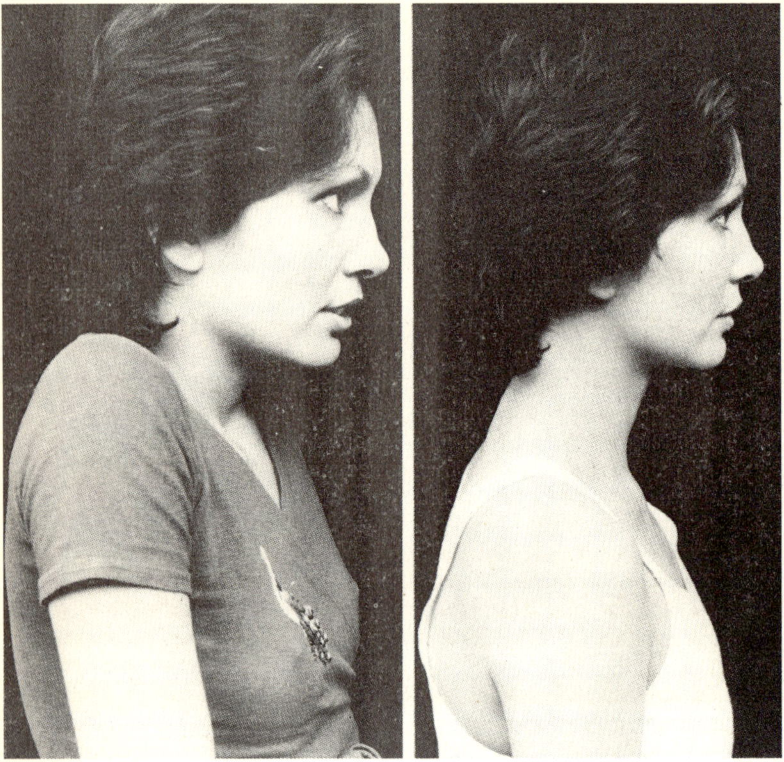

Das »Schreckmuster« ist eine instinktive, normale Angstreaktion. Allzuoft jedoch wird es zum Grundmuster unserer normalen Haltung, und so müssen wir lernen, ganz bewußt den Kontakt zu unserem »ausgewogenen Ruhezustand« aufzunehmen.

Die unzuverlässige Einschätzung der Sinneswahrnehmung

Man kann, von einigen parapsychologischen Phänomenen abgesehen, mit Sicherheit sagen, daß immer der Körper Ort der Wahrnehmung ist und daß die Qualität der Wahrnehmung eines Individuums direkt von der Funktionsfähigkeit seines Körpers abhängt. Daraus folgt, daß gewohnheitsmäßige Einmischung in das richtige Funktionieren der Primärkontrolle eine verzerrende Wirkung auf die Wahrnehmung haben muß und, um noch einmal Rudolf Magnus zu zitieren, »alle Sinne des Körpers daran hindert, ihre richtige Beziehung zur Außenwelt wiederzugewinnen«. Die Wurzel solcher Störung jedoch liegt in der Störung unserer richtigen Beziehung zu unserer Innenwelt, insbesondere zu unserem kinästhetischen Sinn. Dieser, der intimste aller Sinne, liefert uns die Information über unser Gewicht, unsere Position im Raum und unsere Bewegung.

Alexander fand, daß ein gewohnheitsmäßiger Fehlgebrauch die Zuverlässigkeit seines kinästhetischen Sinnes nachteilig beeinflußte und daß er sich als Handelnder – und dies war das Erschreckendste! – auf sein Gefühl, »richtig« zu handeln, nicht verlassen konnte. Anders gesagt, er konnte nicht sicher sein, daß er auch wirklich das tat, was er zu tun glaubte. Es ist kaum anzunehmen, daß er dies je entdeckt hätte, wenn er nicht versucht hätte, etwas Neues zu lernen – und zwar mit Hilfe einer objektiven Methode zur Überwachung seines Fortschritts, die ihn bewog, sich in einer Weise zu verhalten, die seiner Gewohnheit zuwiderlief. Ohne es im Spiegel zu sehen, hätte er wohl kaum für möglich gehalten, daß er nicht das tat, was er zu tun glaubte.

Zuerst dachte Alexander, daß er lediglich eine persönliche Schwierigkeit entdeckt hätte; aber seine Unterrichtserfahrung ließ ihn bald erkennen, daß eine »verdorbene Kinästhetik« ein universelles Problem war und ein besonders heimtückisches dazu, da es sich seiner Natur nach der Wahrnehmung entzieht. Da die kinästhetische Information bei unserer Wahrnehmung des Selbstgebrauchs ein bestimmender Faktor ist, so folgt daraus, daß jede Störung des kinästhetischen Funktionierens einen Verzerrungseffekt auf unsere Selbstwahrnehmung haben wird. Unsere schlechten Gewohnheiten – wie schlaffe Haltung und Mundatmung –, die meistens unbewußt bleiben, werden uns vertraut erscheinen und nicht mehr von uns zu trennen sein. Bei der Entgegennahme des Nobelpreises gab Nikolaas Tinbergen eine wissenschaftliche Erklärung dafür, wie es dazu kommt, daß schlechte Gewohnheiten schließlich als richtig erscheinen:

Vieles weist sehr deutlich darauf hin, daß die richtige Ausführung zahlreicher Bewegungen auf verschiedenen Integrationsebenen – vom einzelnen Muskel bis hin zu komplexem Verhalten – fortwährend vom Gehirn überprüft wird; und zwar dergestalt, daß es den Feedback-Report, der das tatsächliche Ergebnis meldet, mit der Feedback-Erwartung vergleicht, über die das Gehirn vom Anfang jeder Bewegung an wacht. Nur wenn das erwartete und das tatsächliche Feedback übereinstimmen, hört das Gehirn auf, Befehle für seine korrigierende Aktion auszusenden.

Schon die Entdecker dieses Prinzips ... wußten, daß das Funktionieren dieses komplexen Mechanismus mit der inneren Verfassung des Subjekts von Augenblick zu Augenblick variieren kann ... Aber Alexander hat darüberhinaus entdeckt, daß lebenslanger Fehlgebrauch ... das gesamte System verderben kann. Infolgedessen empfängt das Gehirn Rückmeldungen, die »alles in Ordnung« sagen, während tatsächlich alles verkehrt ist. So kann sich zum Beispiel jemand wohlfühlen, der sich schlaff in den Fernsehsessel hineinlümmelt, während er doch tatsächlich seinen Körper gröblich mißbraucht.[1]

Ich habe die praktischen Aspekte dieses Problems bei mir und anderen oft beobachten können. Das vielleicht frappierendste Beispiel ist der Schüler, der mit einer Haltung in die Stunde kommt, die sich nur als »krumm« bezeichnen läßt. Nehmen wir einmal an, er hat eine so gebeugte Haltung, daß er sich gegen etwas zu lehnen scheint. Wird ihm nun die Erfahrung vermittelt, sich selbst auf eine neue, ausgewogene Weise zu gebrauchen, die in einer relativ aufrechten Haltung resultiert, so kann man fast wetten, daß seine Reaktion darauf lauten wird: »Aber ich falle ja nach hinten!« (In diesem Stadium der Alexander-Stunden kann ein Spiegel von großem Nutzen sein!)

Ein anderes praktisches Beispiel betrifft die Ungenauigkeit unseres Verständnisses für die Menge an Muskelspannung oder Energie, die zur Durchführung auch der einfachsten Bewegung benötigt wird. In einer meiner ersten Alexander-Lektionen leitete mich mein Lehrer durch die Bewegung, die vom Sitzen zum Stehen führt. Ich bemerkte, daß meine Idee vom Aufstehen durchgehend damit verbunden war, meine Nackenmuskeln zu verkürzen und Beine und Füße gegen den Boden zu stemmen. Mit seinen Händen half mir der Lehrer, die

Reaktionen zu unterbinden, die mich für diese unnötigen Spannungen prädisponierten. Als es dann jedoch zum Aufstehen kam, fühlte ich, daß Aufstehen in meiner neuen Konfiguration einfach nicht möglich war. Meine Vorstellung vom Aufstehen verband sich mit einer bestimmten Muskelanspannung. War diese Anspannung nicht vorhanden, so war Aufstehen, wie ich es verstand, einfach nicht mehr möglich. Der Lehrer schlug vor, daß ich an die Richtung denken solle, die mein Kopf im Raum einnehmen sollte, während er damit fortfuhr, die Unterbindung meines gewohnheitsmäßigen Fehlgebrauchs mit seinen Händen zu unterstützen. Er sagte: »Ich werde bis drei zählen, und bei drei werden Sie stehen.« – »Unmöglich«, dachte ich. Bei drei stand ich, aber es war ein Aufstehen, wie ich es noch nie zuvor erlebt hatte. Die Bewegung schien sich von selbst vollführt zu haben.

Dies ist ein Beispiel für das, was Alexander »vom Bekannten zum Unbekannten gehen« nannte, eine Idee, die den Schlüssel zum Verständnis dafür liefert, wie wir grundlegende Veränderungen in unserem Verhalten bewirken können. Unser Gefühl für das, was kinästhetisch richtig oder angemessen ist, erweist sich als unzuverlässig. Diese »verdorbene Kinästhesie« ist der Hauptfaktor für das, was Alexander »die unzuverlässige Einschätzung der Sinneswahrnehmung« nannte. Weitere Faktoren, die nach seiner Ansicht zu diesem Zustand beitragen, sind fehlerhafte Ernährung und schlechte Lesegewohnheiten. Als Beispiel für schädliche Eßgewohnheiten führte er besonders die verbreitete Gewohnheit an, Kindern als Anreiz zum Essen oft übermäßige Mengen von Süßigkeiten zu geben. Dies, so meinte er, verderbe den Geschmackssinn.

Unsere Sinnesmechanismen liefern den »Stoff« für die Wahrnehmung unserer selbst und der Welt. Ist die Information, die wir von unseren Sinnen erhalten, verzerrt, dann müssen notgedrungen unsere Ideen gleichfalls verzerrt sein. Dewey erkannte die Tragweite dieses Faktors, als er schrieb:

> (Alexanders) Prinzip ist für uns von dringender Notwendigkeit, denn bei allen Angelegenheiten, die das individuelle Selbst und seine Lebensführung betreffen, besteht eine fehlerhafte und verminderte Einschätzung und Beurteilung von Sinneswahrnehmung sowohl unserer selbst, als auch unserer Handlungen, eine Fehleinschätzung, die mit unseren falsch eingestellten psychophysischen Mechanismen parallel läuft... Wir haben uns so daran gewöhnt, daß sie uns selbstverständlich geworden ist. Sie bildet, wie er klar

gezeigt hat, unser Richtmaß; sie beeinflußt jede unserer Beobachtungen und Interpretationen, jedes unserer Urteile. Sie ist der eine Faktor, der in jede Handlung und in jeden Gedanken einfließt.[2]

Alexander wurde nicht müde, zu betonen, wie wichtig die richtige Einschätzung der Sinneswahrnehmung ist. So war einer seiner Aussprüche während des Unterrichts: »Gefühl, wenn es richtig ist, ist viel nützlicher als das, was man Verstand nennt.« Wenn wir unsere Sinneswahrnehmung besser einschätzen lernen, so kann es geschehen, daß wir klarere Informationen über unsere wahren Bedürfnisse erhalten. Wir beginnen, »sensorisch« zu wissen, was das Richtige für uns ist. Dieses Phänomen kann sich auf einer ganzen Reihe verschiedener Ebenen manifestieren, angefangen von dem Wissen, was für uns zu einer bestimmten Zeit die richtige Ernährung ist bis hin zu dem Wissen, ob wir den passenden Ehepartner gefunden haben.

Ein verblüffendes Beispiel für die praktischen Auswirkungen verbesserter Einschätzung der Sinneswahrnehmung lieferte eine meiner Schülerinnen. Sie ist Tänzerin, und ein Freund hatte sie zu mir geschickt, da er meinte, daß man durch die Alexander-Technik ihr Rückenproblem beheben könnte. Sie kam, und ich war betroffen von ihrem aggressiven Auftreten und dem Ausdruck von Zynismus, der ihre brüsken körperlichen Bewegungen begleitete. Dennoch verlief die Stunde gut: Ihr Rücken fühlte sich schon bald besser an, ihr Ausdruck wurde weicher und sie begann, die klassische Erfahrung von Leichtigkeit und Mühelosigkeit zu machen. Wie ich vermutet hatte, war ihre äußere Härte nur ein dünner Firnis. Unvermutet aber war, was sich im Anschluß daran begab. Am selben Abend rief sie mich an, um zu sagen, daß sie sich leicht desorientiert und besorgt fühle, weil sie sich außerstande fand, wie gewohnt Zigaretten zu rauchen. Es war ihr einfach unmöglich. Ich versicherte ihr, daß die Wirkung der ersten Stunde wieder abklingen würde und daß sie ihre Gewohnheit bald wieder würde aufnehmen können; aber sie nahm weiter Stunden und hörte einfach mit dem Rauchen auf. Natürlich reagiert nicht jeder so dramatisch, aber jeder von uns kann sein sensorisches Richtmaß, wenn er will, in Frage stellen und verbessern.

Mein eigenes Verständnis für die »Einschätzung der Sinneswahrnehmung« hat sich allmählich im Laufe der Jahre entwickelt als Teil meiner Bemühungen, mich selbst besser zu verstehen und mehr mit meinen Gefühlen und Reaktionen in Kontakt zu kommen. Mein Weg zu diesem Ziel war oft verstellt durch den Konflikt zwischen den Dingen, die zu denken und zu fühlen ich konditioniert war (die wohlbekannte Serie von »ich sollte« und »ich sollte nicht«, die uns von Familie und Gesellschaft eingeimpft worden ist) und meinen ungenügend durchdachten Reaktionen darauf. Beobachtungen an Freunden, Schülern und anderen Leuten überzeugen mich davon, daß nicht nur ich dieses Problem habe. Einem spirituellen Lehrer zufolge, dessen Schriften mir in die Hände gekommen sind, setzt der Weg der Selbstverwirklichung voraus, daß wir unsere wahren Bedürfnisse herausfinden und erfüllen. Natürlich ist hier das Schlüsselwort »wahre Bedürfnisse«. Seine wahren Bedürfnisse zu entdecken, ist keine einfache Sache; gibt man sich doch allen möglichen Exzessen und Torheiten hin, angeblich um »zu tun, wonach einem wirklich zumute ist«. Wenn unsere Einschätzung der Sinneswahrnehmung ungenau ist, dann können wir gar nicht sicher wissen, was unsere wahren Bedürfnisse sind; doch indem unser inneres Richtmaß sich herausbildet, wird die Intuition zu einem nützlichen Instrument, und es fällt uns weniger leicht, uns selber etwas vorzumachen.

Alexander verbesserte die Zuverlässigkeit seines »Richtmaßes«, indem er unter Anleitung der Vernunft unbekanntes sensorisches Gebiet erforschte. Zum Glück haben wir heute Lehrer, die uns bei dieser Reise vom Bekannten zum Unbekannten helfen können. Wir müssen, um unseren sensorischen Standard zu verbessern, eine Zeitlang die Urteile außer acht lassen, die wir auf seiner Grundlage zu fällen pflegen und bereit sein, Erfahrungen jenseits des Gewohnten zu machen. Dieser Vorgang des vorübergehenden Verzichts auf Beurteilungen ist ein wesentlicher Aspekt der Alexander-Technik. Er erfordert die Pflege einer objektiven und distanzierten Wahrnehmung, die uns dazu verhelfen wird, die experimentelle Methode beim Studium unseres eigenen Verhaltens anzuwenden. Dazu gehört ein gewisser Mut, denn es kann geschehen, daß wir unsere Grundvoraussetzungen in Frage stellen müssen; aber wenn wir durchhalten, kann sich unser ganzes Leben und Lernen von einem Prozeß fortwährend einander überlagernder Gewohnheiten zu einem Prozeß grundlegender Wandlung und Entwicklung entfalten.

Inhibition – Innehalten

Im letzten Kapitel von *Der Aufstieg des Menschen* schreibt Jacob Bronowski: »Wir sind das einzigartige Experiment der Natur, in dem sich die rationale Intelligenz als vernünftiger denn der Reflex erweisen soll.« Bronowski gab zu verstehen, daß der Erfolg oder Mißerfolg dieses Experiments von der grundlegenden Fähigkeit des Menschen abhänge, zwischen Reiz und Reaktion eine Pause einzuschieben. Er verwies darauf, daß das Gehirn im Menschen, bevor es ein Instrument zum Handeln wird, ein Instrument zur Vorbereitung des Handelns sein muß. Diese Fähigkeit, »innezuhalten« und unsere Reaktion aufzuschieben, bis wir hinlänglich auf ihre Ausführung vorbereitet sind, nennt Alexander »Inhibition«.

Die Inhibition Alexanders darf nicht mit dem Freudschen Begriff der Inhibition verwechselt werden. Freuds Verwendung des Terminus bezieht sich auf die Unterdrückung eines instinktiven Wunsches durch das Über-Ich. Alexanders Begriff *inhibition* bezieht sich auf den gesunden Menschenverstand – großgeschrieben. »Bleib stehn, blick dich um, und mach die Ohren auf!« ist ein wohlbekannter Rat. Alexander übersetzte diesen guten Rat in eine praktische Technik, der das natürliche Funktionieren des Organismus zugrundeliegt. Er fand, daß die Primärkontrolle adäquat funktioniert, wenn man sich weigert, in gewohnheitsmäßiger Weise zu reagieren und dadurch die größtmögliche Ausgewogenheit von Geist und Körper zuläßt.

Zu dieser Entdeckung kam Alexander, als er herausgefunden hatte, daß die Ursache seines Stimmproblems etwas war, das er sich selbst zufügte. Er war nicht imstande, diese gewohnheitsmäßige Reaktion dadurch zu unterbinden, daß er etwas anderes tat, und er mußte die psychophysische Reaktion auf den Stimulus, den Reiz, zu rezitieren, »an ihrem Ursprung« unterbinden, um eine wirkliche Veränderung herbeizuführen. Dieser »Unterlassungsprozeß« bedeutet aber kein »Einfrieren« oder ein Unterdrücken der Spontaneität. Es geht im Gegenteil um die bewußte Weigerung, auf eine stereotype Weise zu reagieren, so daß sich echte Spontaneität offenbaren kann. Wie kann das Richtige geschehen, wenn wir immer noch das Falsche tun? Offenbar müssen wir das, was falsch ist, zuerst einmal unterbinden. Das ist leicht einzusehen, aber sehr schwer durchzuführen.

Alexander-Schüler bitten oft um Übungen, die sie ausführen könnten, um ihren Gebrauch zu verbessern. Es dauert eine Weile, bevor sie verstehen, daß es in der Alexander-Technik nicht darum geht, irgend etwas Neues zu tun, wenigstens nicht so, wie wir »tun« gewöhnlich verstehen. Es ist ein Prozeß, die Dinge abzustreifen, die wir uns selbst auferlegt haben, so daß der Organismus auf natürliche Weise funktionieren und sich unsere Vernunft frei von Ablenkung entwickeln kann.

Alexanders Entdeckung der bedeutenden Rolle, die die Inhibition im menschlichen Verhalten spielt, lief parallel mit einer entsprechenden Entdeckung in der Neurologie. In *The Integrative Action of the Nervous System* schreibt Sir Charles Sherrington: »Es gibt keinerlei Anzeichen dafür, daß die Inhibition eines Gewebes auch nur die geringste Schädigung des Gewebes verursacht; im Gegenteil, sie scheint das Gewebe zu nachfolgender größerer Aktivität anzuregen.[1]« Anderenorts stellt er fest: »In jedem Fall ist Inhibition ein integrierendes Element bei der Festigung des tierischen Mechanismus zu einer Ganzheit. Exzitation und Inhibition bilden zusammen einen Akkord in der Harmonie des gesunden, funktionierenden Organismus.[2]« Und Frank Jones schreibt, daß »Inhibition die zentrale Funktion eines Nervensystems ist, die, wenn sie richtig funktioniert, Konflikt durch Fehlanpassung auszuschließen vermag, ohne Spontaneität zu unterdrücken.[3]«

Das primitive Wirbeltier hat ein begrenztes Repertoire an Verhaltensmustern und ein dementsprechend einfaches Nervensystem. Komplexere Lebensformen erfordern höher entwickelte Nervensysteme. Inhibition ermöglicht es höhreren Tieren, die mannigfachen Reize ihrer Umgebung zu integrieren. Dieser inhibitorische Mechanismus läßt sich sehr gut an einer Katze beobachten, die ihrer Beute auflauert. Die Katze »inhibiert«, in Alexanders Worten, »den Wunsch, vorzeitig zu springen und kontrolliert ihre Lust auf sofortige Befriedigung eines natürlichen Appetits zugunsten einer planvollen Absicht«.

Für eine Katze ist, wie für andere Tiere, Inhibition ein instinktiver, automatischer Vorgang. Dagegen hat der Mensch die Möglichkeit, diese Fähigkeit bewußt unter Kontrolle zu bringen. Alexander glaubte, daß diese Kontrolle notwendig sei, wenn der Mensch mit seiner rasch sich verändernden Umwelt zurechtkommen will. Im gleichen Maße, in dem sich die unmittelbare Abhängigkeit des Menschen von seinem Körper für den Verdienst des Lebensunterhalts verringert hat, sind seine Instinkte unzuverlässiger geworden; und er muß jetzt die Kräfte seines Bewußtseins einsetzen, um die Lücke zu füllen, die durch die Degeneration der Instinkte entstanden ist.

Die Zivilisation des späten zwanzigsten Jahrhunderts produziert unablässig starke Sinnesreize. Zeitungen, Fernsehen, Filme, Reklame und Maschinen aller Art sind eine fast ununterbrochene Quelle von Reizen. Moderne Kommunikationsmittel, vor allem Telefon und Fernsehen, erweitern unsere Sinnesorgane und öffnen wachsender Reizüberflutung Tür und Tor. Der moderne Mensch hat mehr Möglichkeiten, mehr Auswahlmöglichkeiten, als sich seine Vorfahren je erträumten. Die erweiterten Möglichkeiten haben entsprechende Veränderungen in der Struktur der Gesellschaft mit sich gebracht. Unser Leben ist nicht so vorgeplant, wie es dasjenige unserer Großeltern war. Während einst religiöse und moralische Glaubens- und Lehrsätze zusammen mit begrenztem materiellen Reichtum den Verlauf des Lebens bestimmten, sind solche Begrenzungen heute weit weniger zwingend, und wir haben viel mehr Freiheit, zu entscheiden, was wir mit unserem Leben anfangen wollen. Um diese Freiheit konstruktiv zu nutzen, ist es offenbar nötig, zu lernen, differenziert auf die massiven Anregungen zu reagieren, die wir erhalten; wir müssen jene Elemente in unserer Umwelt auswählen, die unsere Beachtung verdienen.

Diese Entscheidungen sind deshalb wichtig, weil sie Einfluß auf unser Funktionieren haben. Die Erfahrung, »total verspannt« zu sein, ist in unserer Kultur etwas sehr Alltägliches; aber wie verspannen wir uns selbst? Die Antwort ist einfach: Wir versteifen den Nacken und bringen uns buchstäblich aus dem Gleichgewicht, weil wir unbewußt falsch auf die zahlreichen Aspekte unserer Umwelt reagieren. Unsere Nerven werden strapaziert und unsere Fähigkeit zu innerer Stille schrumpft durch das Bombardement von Sinneseindrücken. Alexander macht nicht den Vorschlag, zu primitiveren »natürlichen« Lebensbedingungen zurückzukehren, sondern vielmehr sorgfältiger auf unsere Art des Reagierens zu achten. Die Zahl der Nervenzusammenbrüche und Abhängigkeiten von Tranquilizern legt die Vermutung nahe, daß wir gut daran täten, seinem Rat zu folgen.

Natürlich geben wir der Idee, innezuhalten und zu überlegen, bevor wir reagieren, unsere verbale Zustimmung; die aber nimmt gewöhnlich die Form einer Ermahnung oder eines Appells an den Intellekt an. Wir erhalten kein systematisches, praktisches Training in bewußter Inhibition, und infolgedessen nutzen wir nicht das volle Potential unserer Fähigkeit, Reaktionen zu unterlassen, um unser psychophysisches Gleichgewicht zu wahren.

Die Alexander-Technik entwickelt die Fähigkeit zur Inhibition auf eine Weise, die den ganzen Organismus miteinbezieht, statt nur den Intellekt anzusprechen. Die Unterweisung beginnt oft so, daß der Lehrer einen Arm des Schülers anhebt und ihn bittet: »Lassen Sie mich das Gewicht Ihres Armes übernehmen; ich möchte, daß Sie mich den Arm bewegen lassen, ohne mir dabei im geringsten zu helfen!« Der Schüler gibt seine Zustimmung, reagiert aber fast immer so, daß er sich, oft erstaunlich ungelenk, in die Bewegung einmischt. Ist ihm dann dieser Vorgang des Einmischens klar gemacht worden, so kann der Schüler beginnen, seine Aufmerksamkeit einzusetzen, um die unnötige Reaktion zu verhindern, während der Lehrer ihm Rückmeldungen über seinen Erfolg gibt.

Zu Anfang, in einer Reihe von Stunden, ist es Hauptaufgabe des Schülers, jede unnötige Reaktion auf die Hände des Lehrers zu unterlassen und seine Versuche, dem Lehrer »helfen« zu wollen, aufzugeben. Im Alexander-Jargon heißt das »sich in Ruhe lassen«. Der Lehrer führt den Schüler mittels seiner Hände zu einem ausgewogeneren Gebrauch seiner Primärkontrolle und leitet ihn dann zu ein paar einfachen Bewegungen an. Er überwacht die Verteilung von Spannung im Körper des Schülers und hilft ihm, wahrzunehmen, auf welche Weise er sein natürliches Funktionieren beeinträchtigt. Das vollzieht sich durch einen subtilen Prozeß manueller Führung und taktilen Feedbacks, zusammen mit einem Gespräch. Das Gespräch ist nicht als Diagnose gedacht; vielmehr gebraucht der Lehrer die Sprache so, daß er dem Schüler ermöglicht, die Erscheinungsformen seiner üblichen Einmischung selbst zu erkennen.

Wenn die Erfahrung des Schülers zunimmt, kann er beginnen, die »mentale« Manifestation seiner gewohnheitsmäßigen Reaktionen zu sehen. Er kann zum Beispiel sehen, wie seine Idee vom »Aufstehen« begleitet wird von der Tendenz, seinen Nacken zu versteifen oder dergleichen. Manche Lehrer spielen gleichsam mit ihren Schülern, indem sie etwa sagen: »In einer Minute werde ich Sie bitten, ›hallo‹ zu sagen, aber ich möchte, daß Sie nichts darauf erwidern.« Wenn dann der Lehrer sagt: »Sagen Sie bitte ›hallo‹«, reagiert der Schüler im allgemeinen so, daß er entweder »hallo« sagte, oder »hall . . .«, oder »h . . .«, oder zumindest seinen Kehlkopf verspannt. Schließlich lernt der Schüler, überhaupt nicht zu reagieren. Meine eigenen Schüler sind oft sehr erstaunt, daß ich weiß, wann sie beabsichtigen, aufzustehen oder sich zu setzen oder sonst irgendeine Bewegung auszuführen. Sie fragen mich, ob die Alexander-Technik mir die Fähigkeit verleihe,

Gedanken zu lesen. Das tut sie nicht; aber wenn Menschen sich zu bewegen beabsichtigen, ist das vorbereitende Spannungsmuster deutlich zu erkennen. In dem Maße, in dem die Wahrnehmung dieser Spannungsmuster zunimmt, verfeinert sich auch die Fähigkeit des Schülers, zu einer Gewohnheit »nein« zu sagen.

Ein Schüler entwickelt die Fähigkeit, seine gewohnte Weise des Reagierens auf Wunsch zu unterbinden, erstens durch seine eigene Motivation, Einsicht und Aufmerksamkeit, und zweitens durch manuelle Führung. Die Hände des Lehrers haben nicht nur die Funktion, eine Störung der Primärkontrolle zu verhindern, sondern auch, einen beruhigenden Einfluß auszuüben. Außerdem hilft die erhöhte kinästhetische Erfahrung, die sich aus einem besseren Funktionieren der Primärkontrolle ergibt, Wahrnehmung und Koordination zu entwickeln. Diese Erfahrung ist charakterisiert durch ein Gefühl der Leichtigkeit und Mühelosigkeit. Gewohnheitsmäßige Spannungsmuster heben sich in einer Gestalt-Hintergrund-Beziehung gegen den neuen kinästhetischen Hintergrund ab und werden somit zugänglicher für unsere Fähigkeit, »nein« zu sagen.

Alexander sah in der Inhibition die eigentliche Grundlage seiner Arbeit:

> Kurz gesagt, es läuft alles darauf hinaus, eine besondere Reaktion auf einen gegebenen Reiz zu verhindern. Aber niemand wird es so sehen. Man wird es als korrektes Aufstehen (von Stühlen) und Hinsetzen (auf Stühle) sehen. Doch es ist nichts dergleichen. Es geht darum, daß der Schüler entscheidet, welchem Tun er zustimmen oder nicht zustimmen will.[5]

Obgleich die Alexander-Technik eine wertvolle Form von Therapie sein kann, offenbart sich ihr eigentlicher Wert erst, wenn wir sie auf unser tägliches Leben anwenden. Das Ausmaß, in dem wir unsere Alexander-Erfahrung nutzen, hängt ganz von uns selbst ab. Wie Alexander einmal bemerkte: »Der Lehrer wird sein Bestes für dich tun . . . aber er kann nicht in deinen Kopf kommen und deine Reaktion für dich kontrollieren.«

Vielleicht kann ich die ganze Sache durch ein Beispiel aus meiner eigenen Erfahrung verdeutlichen. Ich weiß, daß ich unter Streß in gewohnheitsmäßige Reaktionsmuster zurückfalle. Eines der auffallendsten wird deutlich, wenn ich einen Vortrag halten oder eine Vorstellung als Jongleur geben soll: Steifer Nacken, angehobener Brustkorb, angespannte Wadenmuskeln, so daß meine Fersen sich vom Boden heben, feuchte Hände, Herzklopfen und Gedanken, die mir durch den Kopf schießen. Ich entsinne mich vor allem daran, daß ich einmal vor vierhundert Menschen in der großen Halle von Dartington in Devon jonglieren sollte. Einige Stunden vorher bemerkte ich, wie das »Muster« von mir Besitz zu ergreifen begann. Früher hatte ich es immer erst bemerkt, wenn es schon in voller Blüte stand. Diesmal konnte ich es rechtzeitig abfangen, bevor die Adrenalinausschüttung begann. Es gelang mir, zu der ganzen Sache »nein« zu sagen. Meine körperlich-geistige Koordination war gut genug, um meine Entscheidung, meinen Nacken *nicht* zu verspannen und meinen Brustkorb *nicht* zu heben usw. durchzusetzen. Dadurch wiederum wurden autonome Reaktionen wie das Feuchtwerden der Hände und Herzklopfen unterbunden. Am interessantesten fand ich, daß meine Wadenmuskeln sich entspannten, so daß meine Füße fest auf dem Boden blieben. Meine Gedanken waren klar und gesammelt. Besorgnisse im Hinblick auf das Zukünftige wichen der Wahrnehmung des Gegenwärtigen. Und die Vorstellung wurde ein Erfolg; auch als ich einmal vier Bälle fallen ließ, geriet ich nicht in Panik. Das Ganze war für mich eine Erfahrung, die freier Entscheidung sehr ähnlich war, und ich bin überzeugt, daß dabei die Inhibition eine entscheidende Rolle gespielt hat.

Ausrichtung durch Direktiven

Alexander erkannte, daß er sich nie Gedanken darüber gemacht hatte, wie er den Gebrauch seines Selbst steuern solle und daß er sich immer auf das verlassen hatte, was er als richtig empfand. Nachdem er erkannt hatte, daß er sich nicht auf sein Gefühl verlassen konnte, fand er heraus, daß der Weg, zur »Kenntnis der Mittel« zu gelangen, »die die Zuverlässigkeit des Gefühls wiederherstellen könnten, darin besteht, sich selbst einer neuen Erfahrung zu unterziehen« – der Erfahrung nämlich, statt seiner Gewohnheit seiner Vernunft zu folgen, auch wenn das unbehaglich war.

Seine Experimente lehrten ihn, daß er den optimalen »Gebrauch« erzielte, wenn er die Spannung in seinem Nacken aufgab, so daß sein Kopf nach vorn und oben gehen und sein Rücken länger und weiter werden konnte. Sein Problem war, daß er dies eigentlich nicht *tun* konnte; er konnte es nur geschehen lassen. Versuche, seinen Kopf nach vorn und oben zu »halten«, beruhten auf seinem gewohnten »Gefühl für das Richtige«, weshalb er bei dem Versuch, den neuen Gebrauch beizubehalten, jedesmal im entscheidenden Moment scheiterte. Ihm wurde klar, daß er, wollte er hierin erfolgreich sein, jeden Versuch aufgeben müsse, irgend etwas in dem Sinne zu »tun«, wie er das Wort bisher verstanden hatte.

Er kam zu der Überzeugung, daß das zweckmäßigste Vorgehen in diesem Falle darin bestand, zunächst jede unmittelbare Reaktion auf einen gegebenen Reiz – er wählte das Beispiel »einen Satz zu sprechen« – zu unterbinden. Dann projizierte er gedanklich ein psychophysisches Muster, das in Worte übertragen lautet: »Laß den Nacken frei, um den Kopf nach vorn und oben gehen zu lassen, um den Rücken länger und breiter werden zu lassen«, wobei er darauf achtete, durch diese verbalen Anweisungen (Direktiven) die gewohnheitsmäßige Muskelaktivität zu unterbinden. Die Elemente des neuen Musters mußten in einer Folge simultan projiziert werden: »Alle miteinander, eins nach dem anderen.« Anders gesagt, er pflegte sich Anweisungen für den ersten Schritt zu geben (den Nacken freilassen),

Die Olympiasiegerin Nellie Kim: Stille in der Aktivität – eine Qualität, die in der Alexander-Technik bewußt gepflegt wird.

während er schon Anweisungen für den zweiten Schritt gab (den Kopf nach vorn und oben gehen lassen), um auf diese Weise jedes Element in ein Gesamtmuster einzufügen. Bewußte Direktiven auf diese Art zu projizieren, erfordert sehr viel Übung, was nicht weiter verwunderlich ist, wenn man das bedenkt, was Alexander später als »die Unerfahrenheit« des Menschen »in der Projektion bewußter Direktiven, insbesondere bewußter Direktiven in einer Sequenz« bezeichnete.

Die ganze Sache erscheint sehr komplex. Immerhin, bei der Ausbildung zum Alexander-Lehrer wird darauf hingearbeitet, sie zu vereinfachen. Der Lehrer vermittelt dem Schüler eine Erfahrung erhöhter kinästhetischer Wahrnehmung, die dazu beiträgt, daß der Schüler die Erscheinungsformen seines eigenen Fehlgebrauchs zunehmend wahrzunehmen vermag. Dank einer so gesteigerten Wahrnehmung kann der Schüler lernen, sein gewohnheitsmäßiges Fehlverhalten zu unterlassen. Hierbei helfen ihm des Lehrers Hände nicht nur, unerwünschten Reaktionen vorzubeugen; sie erinnern ihn auch an die erwünschte Ausrichtung. Zu guter Letzt wird bewußte Ausrichtung eine Sache des Wissens, in welche Richtung man geht. Eben jetzt, während Sie diese Worte lesen, gehen Ihr Kopf, Ihre Schultern und Ihre Knie alle in eine bestimmte Richtung. In den meisten Fällen neigt der Kopf dazu, im Verhältnis zum Nacken nach rückwärts und unten zu gehen, und der Rücken neigt dazu, sich zu verengen und zusammenzusinken. Waren Sie sich dessen bewußt? Haben Sie dieses Ausrichtungsmuster gewählt? Die Aktivität all Ihrer Körperteile spiegelt die Ausrichtung Ihres Selbst als eines Ganzen wider. Ein Alexander-Lehrer versucht, Ihnen zu helfen, diese Teile in ein koordiniertes Muster zu organisieren: Wenn Sie mit ihm arbeiten, geht Ihr Kopf tatsächlich nach vorn und oben, verlängert und weitet sich Ihr Rücken tatsächlich. Wenn Sie mit dieser Erfahrung vertrauter werden, bekommen Sie eine klarere Vorstellung von der Richtung, in die Sie gehen und der, in die Sie gehen möchten.

»Laß den Nacken frei, um den Kopf nach vorn und oben gehen zu lassen, um den Rücken länger und weiter werden zu lassen«, wurde fälschlicherweise als »Alexander-Mantra« gedeutet. Das ist es ganz sicher nicht. Sich diese Worte in Erinnerung zu bringen, kann einem

Die innere Ausrichtung, natürliche Offenheit und durchgehende Belebtheit, wie sie in diesem Nubamädchen zum Ausdruck kommen, sind bei den meisten Europäern nur im Keime schlummernde Möglichkeiten.

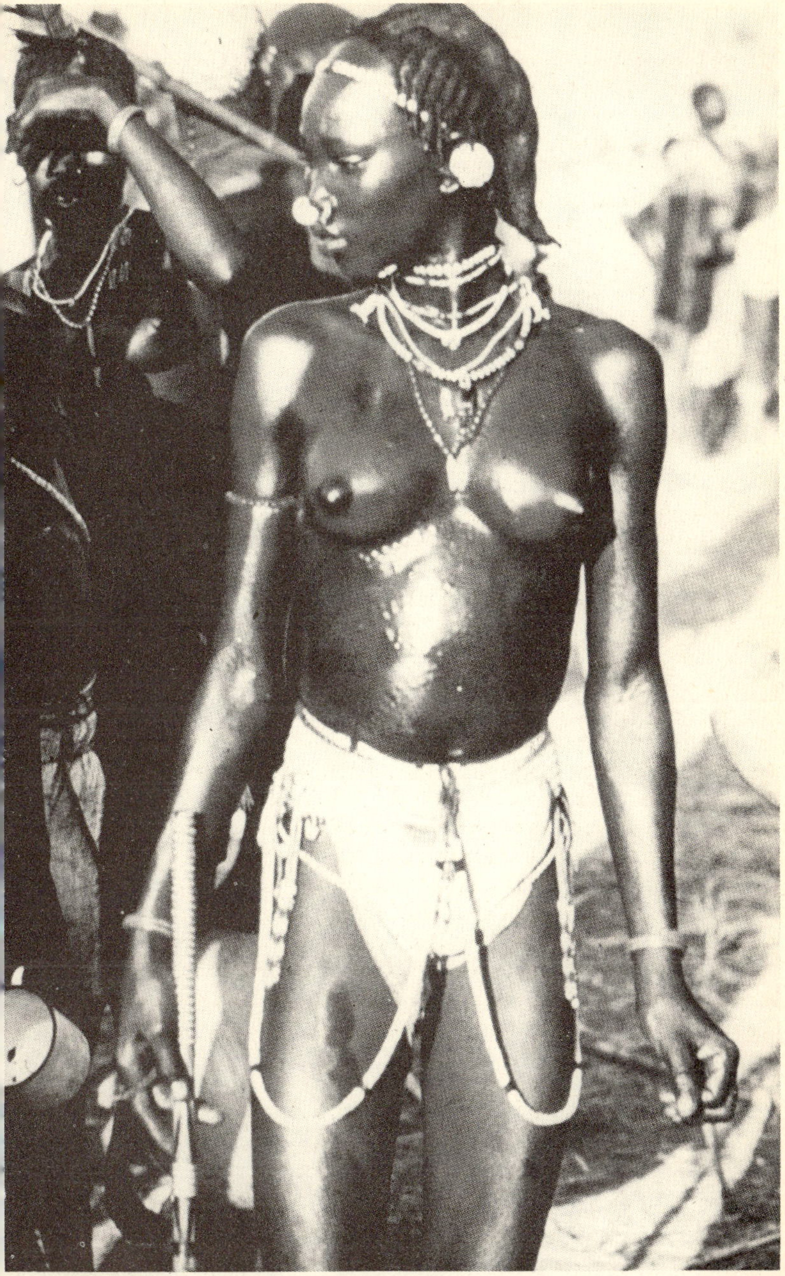

Poseidon – vollendetes Beispiel für gesammelte Aufmerksamkeit und Ausrichtung

helfen, seine Absicht im Blick zu behalten; aber die Erfahrung, für die sie stehen, geht ganz klar über Worte hinaus. Obwohl Alexanders »Direktiven« als verbale Formel beginnen, werden sie schließlich Teil der eigenen Lebenseinstellung. Diese neue Einstellung ist vor allem sinnvoll, wenn wir uns bewußt machen, daß unser Leben in einem Gravitationsfeld stattfindet, das uns unablässig nach unten zieht. In seinem Buch *On Growth and Form* schreibt der Biologe D'Arcy Thompson:

> Des Menschen langsamer körperlicher Niedergang ist ein Zeichen für den ungleichen Wettstreit zwischen unseren Körperkräften und der stets unverminderten Schwerkraft, die uns abwärts zieht, während wir uns doch gerne aufrichten würden. Unser Lebtag lang mühen wir uns gegen sie ab, mit jeder Bewegung unserer Glieder, mit jedem Herzschlag. Die Schwerkraft bewirkt von morgens bis abends eine Differenz – und zwar keine geringe – in der Körpergröße eines Menschen; sie hinterläßt ihre Spur in welken Falten, herabgezogenen Mundwinkeln und schlaffen Brüsten; sie ist die unbezwingliche Macht, die uns schließlich endgültig besiegt, uns aufs Totenbett niederzieht und uns ins Grab sinken läßt.[1]

Dieses deprimierende Bild ist jedoch kein Verdikt. Der menschliche Organismus hat einen Reflexmechanismus, der den Körper mühelos gegen die Schwerkraft unterstützt. Die Direktiven Alexanders zielen darauf ab, diesen Mechanismus, den wir durch unseren Fehlgebrauch gestört haben, zu »energetisieren«. Kurz gesagt: Ausrichtung wird zu einer Sache des »aufwärts«-Denkens. Bleiben wir noch ein wenig bei dieser »energetisierenden« Qualität des Gedankens. Walter Carrington schilderte in einem Vortrag eine Szene, die dem Alexander-Lehrer wohlvertraut ist:

> Sie haben einen neuen Schüler und sagen zu ihm: »Ich möchte Sie bitten, zu denken, daß Ihr Kopf nach vorn und oben geht«, was offensichtlich eine Direktive ist. Dann versuchen Sie, es ihm zu erklären und zu zeigen. Nach einer Weile wird er sich umwenden und sagen: »Ach, ich verstehe; ich soll nur daran *denken*; ich soll nicht versuchen, es zu tun!« Und das sagt er in einem Tonfall, der verrät, daß für ihn zwischen Tun und Denken ein himmelweiter Unterschied besteht... daß Tun etwas Praktisches, unmittelbar Konkretes ist; etwas zu tun, verstehen wir alle; etwas zu denken hingegen ist ziemlich nebulös, unwirksam, vage und so fort. Anders gesagt, etwas zu denken hat nicht die gleiche Qualität von Wirklichkeit, wie etwas zu tun. –

Diese Bemerkungen Carringtons waren die Einleitung zu einer Diskussion eines Artikels im *New Scientist* über eine Forschungsarbeit von Professor John Basmajian mit dem Titel: *Conscious Control of Single Nerve Cells*. Der Bericht legt eine viel engere Beziehung zwischen Denken und Tun nahe, als bisher vorausgesetzt wurde. Um Basmajians Arbeit zu verstehen, muß man etwas darüber wissen, wie Muskeln funktionieren.

Jeder Muskel besteht aus einer großen Anzahl von Muskelfasern und motorischen Nerven. Jede einzelne Nervenzelle (Motoneuron) entspringt im Rückenmark. Das Axon, die Nervenverbindung, läuft vom Rückenmark zu einem Bündel von Muskelfasern, wo es sich aufteilt, um mit einem Teil jeder Faser eine Verbindung herzustellen, die man als motorische Endplatte bezeichnet. Die Nervenzelle, das Axon und das Faserbündel (zusammen mit den Endplatten) bilden eine motorische Einheit. Diese Bewegungseinheit wird stimuliert durch einen elektrischen Impuls, der, vom Gehirn kommend, das Rückenmark und das Axon durchläuft und die Kontraktion seines speziellen Faserbündels bewirkt. Die Tätigkeit eines Muskels ist das Ergebnis der simultanen Entladung eines speziellen Musters einzelner motorischer Einheiten.

Basmajian befestigte äußerst feine Elektroden an einzelnen motorischen Einheiten und verband die Elektroden mit einem Oszilloskop und einem Tonverstärker. Auf diese Weise gelang es ihm, das elektrokontraktile Muster jeder einzelnen motorischen Einheit aufzuzeichnen (dieser Prozeß ist als Elektromyographie bekannt). Er erkannte, daß jede Einheit ihr eigenes charakteristisches Muster aufweist und daß dieses Muster jeweils von anderen Einheiten unterschieden werden kann – durch seine spezifische Form und durch die spezifische Verteilung von »Zacken« auf dem Oszilloskop und das entsprechende »Knattern«, das vom Tonverstärker wiedergegeben wurde. Aufgrund dieser Information entdeckte Basmajian, daß das Muster einzelner motorischer Einheiten »nur, indem man daran dachte«, verändert werden konnte. Die elektrische Ladung einzelner Motoneuronen konnte willentlich unterbunden oder gesteigert werden. Er berichtet: »Die meisten Versuchspersonen waren so geübt, daß sie eine Anzahl von Rhythmen wie Doppelschläge, Tripelschläge, galoppierende Rhythmen und sogar komplizierte Trommelwirbel und -schläge produzieren konnten.« Einigen Personen, darunter Basmajian selbst, gelang es, spezifische Einheiten ohne Zuhilfenahme der Feedback-Apparatur zu aktivieren. Er fügt hinzu: »Bis heute kann ich nicht in

Flüchtende, sich in der Horizontalen »längende« Impala-Gazelle

Worte fassen, wie es mir gelungen ist, drei verschiedene Motoneuronen ohne alle Hilfsmittel unfehlbar zu aktivieren.«

Alexanders Glaube an die »energetisierende« Macht bewußter Ausrichtung gewinnt im Lichte dieses Forschungsergebnisses neues Gewicht. In seinem Vortrag fragte Walter Carrington: »Worin besteht der grundlegende Unterschied zwischen der Entscheidung, einen Rhythmus zu spielen und dem Gedanken, ›ich will meinen Kopf nach vorn und oben gehen lassen‹«? Wir wissen nicht wirklich, wie der eine und der andere dieser Vorgänge sich vollzieht; aber, wie Carrington hinzufügte: »Klar ist, daß die Reaktion, die man erhält, eine Reaktion auf ein Wünschen, ein Wollen ist.«

Um die Erfahrung der Ausrichtung durch Direktiven ins Bewußtsein zu bringen, ist es eigentlich unerläßlich, mit einem Alexander-Lehrer zu arbeiten; doch kann sich der Leser in folgendem Versuch eine eigene Vorstellung von diesem Vorgang machen: Richten Sie Ihre Aufmerksamkeit auf Ihre rechte Hand, *ohne sie im geringsten räumlich zu bewegen*. Konzentrieren Sie sich auf den Zeigefinger der rechten Hand, so, als *beabsichtigten* Sie, Ihren Finger noch weiter in die Richtung auszurichten, in die er bereits zeigt, aber denken Sie daran, *ihn nicht im geringsten zu bewegen*. Schauen Sie auf das, worauf

Ihr Finger gerade zeigt und verstärken Sie den Gedanken an Ihren Finger, der darauf zeigt. Dieser Akt der Aufmerksamkeit hat vielleicht schon eine Veränderung im Muskeltonus des Fingers bewirkt. Wenn Sie bei Ihrer Intention, mit dem Finger zu zeigen, bleiben, während Sie weiterlesen, werden Sie wahrscheinlich feststellen, daß der gleiche subtile, doch erhöhte Grad an Muskeltonus beibehalten werden kann. Wird Ihre Aufmerksamkeit vom Finger abgelenkt, so nimmt der erhöhte Tonus ab, obgleich es möglich ist, ihn jeden Augenblick zurückzurufen. Mit einiger Übung kann der veränderte Tonus im Hintergrund der Wahrnehmung beibehalten werden, während man fortfährt, zu lesen oder sonst etwas zu tun. Obwohl diese Demonstration nur einen isolierten Teil der Muskulatur betrifft, veranschaulicht sie die Beziehung zwischen Aufmerksamkeit und Muskeltonus, die der Schlüssel zur Ausrichtung ist.

Aufmerksamkeit unterscheidet sich wesentlich von dem, was man für gewöhnlich Konzentration nennt. Konzentration wird oft mit einem Zustand übermäßiger Spannung assoziiert, der sich darin äußert, daß man die Stirn in Falten legt und den Atemfluß unterbricht, als versuche man, alles anzuhalten, um sich total auf einen bestimmten Aspekt seiner Umgebung einstellen zu können. Aufmerksamkeit oder Achtsamkeit im Sinne Alexanders dagegen meint eine ausgewogene Wahrnehmung seiner selbst wie auch der Umgebung mit einem leichten Akzent auf dem, was im jeweiligen Augenblick besonders wichtig ist.

Frank Jones hat diesen Vorgang mit Spotlights auf einer beleuchteten Bühne verglichen. Das ganze Bühnenbild ist sichtbar, wobei einzelne Komponenten, ihrer jeweiligen Bedeutung entsprechend, besonders ausgeleuchtet und hervorgehoben werden. Alexander fand, daß die meisten Menschen außerstande sind, ihre Aufmerksamkeit auszurichten und demzufolge unter »Gedankenflucht« oder übermäßig fixierter Konzentration leiden. Wer lernt, die Alexander-Direktiven anzuwenden, erwirbt sich eine unschätzbare Erfahrung bei der Kontrolle seiner Aufmerksamkeit, so daß man Aufmerksamkeit, anstatt sie zu ›zollen‹ oder zu ›leisten‹ – *schenken* kann.

Um Lernenden zu helfen, die Schwierigkeiten damit haben, ihre Aufmerksamkeit auszurichten, arbeiten einige Alexander-Lehrer mit

Der Tänzer Michail Baryschnikow erweckt dank seiner machtvollen Ausrichtung den Eindruck schwerelosen Schwebens.

kreativer Visualisierung und Imagination. Ein Schüler mag beispielsweise gebeten werden, sich seinen Kopf wie einen aufsteigenden Luftballon zu denken oder sich vorzustellen, wie sein Rücken lächelt. Solche Bilder sind einfach Hilfsmittel, die in einer spezifischen Situation benutzt werden können. Kreative Visualisierung ist kein Ersatz für Ausrichtung durch Direktiven, doch kann sie eine wertvolle Ergänzung bilden.

Ein faszinierendes Experiment des Psychologen Alan Richardson illustriert besonders gut die Kraft des Visualisierungsvorgangs. Richardson stellte drei Gruppen von Leuten nach dem Zufallsprinzip zusammen und maß ihre Leistungen beim freien Werfen im Baseketball. Zwanzig Tage lang verbrachte die erste Gruppe zwanzig Minuten pro Tag mit freiem Werfen; die zweite Gruppe übte überhaupt nicht; die dritte Gruppe übte auch nicht, aber sie verbrachte täglich zwanzig Minuten damit, in ihrer Vorstellung freie Würfe zu üben. Nach Ablauf der zwanzig Tage maß Richardson erneut ihre Leistung. Die erste Gruppe hatte sich um 24% verbessert, die zweite Gruppe hatte sich nicht verbessert, und die dritte Gruppe, die nur in ihrer Vorstellung gespielt hatte, hatte sich um 23% verbessert. Experimente mit Pfeilwerfen und anderen Aktivitäten haben ähnliche Resultate ergeben.

Da jede Visualisierung, jeder Gedanke unmittelbare physiologische Auswirkungen hat, ist es besonders wichtig, auszuwählen, was man denkt. Herauszufinden, was man denkt und was man will, ist ein unglaublich komplexer Vorgang. Die Alexander-Technik kann nicht auf magische Weise unsere Gedanken klären oder unsere Wünsche zusammenfassen; aber sie kann unsere Aufmerksamkeit auf die Bedeutung dieses Problems richten und uns den Weg weisen, wie wir daran arbeiten können.

Ziele und Mittel

Alexander hatte sich zum Ziel gesetzt, eine Methode zu finden, mit deren Hilfe man ein Problem lösen kann, bei dem es um eine Gewohnheit und deren Änderung geht. Zunächst versuchte er, seine Gewohnheit direkt zu ändern, indem er seinen Kopf nach vorn und oben hielt, in der Annahme, daß er tun könne was er zu tun glaubte. Als ihm das nicht gelang, erkannte er, daß seine Annahme eine Täuschung war und daß er eine fundamentale Änderung der Gewohnheit nur erreichen konnte, indem er seinen Organismus als Ganzes betrachtete. Er wußte, daß die ausgewogene Beziehung zwischen seinem Kopf, Hals und Rumpf das übrige System organisieren würde und daß diese ausgewogene Beziehung nur durch indirekte Mittel zu erreichen war. Statt geradewegs auf sein Ziel (den Satz zu sprechen) zuzusteuern, mußte Alexander zunächst einmal innehalten und seine gewohnte Reaktion unterlassen. Um sich dieses Prozesses sicher zu sein, mußte er die bewußte Ausrichtung durch die Projektion von Direktiven üben.

Während er diesen Vorgang verbesserte, entdeckte Alexander, daß es nötig war, im kritischen Moment »seine Wahl offen zu halten«. Anders gesagt, er fand es notwendig, erneut innezuhalten und das Ziel, das er erreichen wollte, erneut zu überdenken. Dann konnte er sich dafür entscheiden,

a) überhaupt nicht auf den Reiz zu reagieren
b) etwas anderes zu tun, beispielsweise seinen Arm zu heben, oder
c) sein ursprüngliches Ziel weiterzuverfolgen und den Satz zu sprechen.

Wofür immer er sich entschied, *er fuhr damit fort, die Direktiven für die Beibehaltung des neuen »Gebrauchs« zu projizieren.* Alexander fand, daß die Erfahrung, die er durch die für seinen neuen »Gebrauch« nötigen Voraussetzungen gewonnen hatte, indem er sich für eine der ersten beiden Möglichkeiten entschied, zugleich auch seine Fähigkeit zu deren Beibehaltung verbesserte, wenn er sich für die dritte, ursprüngliche Möglichkeit entschied. Fortdauernde Übung brachte ihn schließlich so weit, daß seine bewußte, überlegte Ausrichtung seine unüberlegte, instinktive Ausrichtung beherrschte.

Diese Prozedur zeigt, daß Alexander stets dem Verfahren, wie er sein Ziel erreichen wollte, und nicht dem Ziel selbst die größere

Bedeutung beimaß; ein Vorgehen, das sich deutlich von demjenigen unterscheidet, das normalerweise im Umgang mit der materiellen Welt zur Anwendung kommt. Wir alle wissen, daß das Verfahren, einen Nagel in ein Stück Holz zu schlagen, darin besteht, auf den Kopf des Nagels zu hauen. Problematisch wird es, wenn wir diese Art des Denkens auf uns selber anwenden, vor allem, wenn wir beabsichtigen, irgendeine Veränderung zu bewirken. Ein Tanzlehrer, der die hochgezogene Schulter einer Schülerin herabdrückt oder ein Feldwebel, der »Kinn rein, Brust raus!« schreit, wird wahrscheinlich eine kompensatorische Fehlanpassung an anderer Stelle bewirken.

Wir alle sind so komplex, daß wir mit Sorgfalt die Mittel überdenken sollten, die wir anwenden, um ein Ziel zu erreichen. Die meisten von uns, so fand Alexander, lassen es zu, daß ihre Ziele das Feld ihrer Aufmerksamkeit völlig dominieren, er nannte das »Zielstreben« oder Schmalspurmethode. Wenden wir, um Gewohnheiten zu ändern, ein »zielstrebiges« Verfahren an, so werden automatisch die Muskeln, die für gewöhnlich eine Handlung ausführen, aktiviert, so daß ein Reiz – wie der Gedanke »sprich einen Satz!« – in einem Fehlgebrauch des Organismus münden wird.

Alexander nannte die indirekte Methode der Veränderung das »Mittel-wodurch«-Verfahren, das sich definieren läßt als »die Wahrnehmung bestehender Umstände, ein bewußtes Durchdenken ihrer Ursachen, die Unterbindung gewohnheitsmäßiger Reaktionen und die bewußte Durchführung einer indirekten Serie von Schritten, die nötig sind, um ein Ziel zu erreichen«[1]. Einfach ausgedrückt: Bei Alexanders Methode geht es darum, wie wir unsere Ziele auf intelligente Weise erreichen. Dewey sagt dazu in *Human Nature and Conduct*:

> Kürzlich erzählte mir ein Freund, daß es einen Aberglauben gebe, der auch bei kultivierten Menschen gang und gäbe ist, und zwar die Annahme, daß es, wenn einem gesagt wird, was man zu tun hat und was das erwünschte Ziel ist, genüge, es einfach tun zu wollen, um es auch tun zu können. Er verwies darauf, daß dieser Glaube in seiner Nichtbeachtung der Mittel, die für das Erreichen eines Zieles erforderlich sind, mit primitiver Magie auf gleicher Stufe steht … Zum Beispiel: Ein Mensch mit einer gewohnheitsmäßig schlechten Haltung gibt sich den Befehl oder wird aufgefordert, gerade zu stehen. Ist er willens, dieser Aufforderung zu entsprechen, so reißt er sich zusammen und vollführt eine Reihe von Bewegungen, woraufhin angenommen wird, daß das gewünschte Ergebnis im

wesentlichen erreicht ist... Man betrachte doch einmal die stillschweigenden Voraussetzungen, die hier gemacht werden. Es wird impliziert, daß die Mittel oder wirksamen Bedingungen für die Verwirklichung eines Vorhabens unabhängig von eingefleischter Gewohnheit existieren, und sogar, daß sie im Widerspruch zur Gewohnheit wirksam werden können... Ein Mensch, der nicht richtig steht, entwickelt die Gewohnheit, falsch zu stehen, eine eindeutig starke Gewohnheit. Die übliche stillschweigende Annahme, daß sein Fehler lediglich negativ sei, weil er es einfach unterlasse, das Richtige zu tun, und daß das Versäumnis ohne weiteres durch einen Willensakt wiedergutgemacht werden könne, ist absurd. Es sind Voraussetzungen geschaffen worden, die ein schlechtes Resultat zur Folge haben, und das schlechte Resultat wird in Erscheinung treten, solange die schlechten Voraussetzungen bestehen... Anzunehmen, daß ein Mann gerade stehen könne infolge einer *direkten* Aktion seines Denkens und Wünschens ist ebenso unvernünftig, wie zu erwarten, daß ein Feuer erlischt, wenn man ihm zu brennen untersagt. Natürlich passiert etwas, wenn jemand auf den Gedanken, gerade stehen zu wollen, reagiert. Für ein Weilchen steht er anders da, aber nur auf eine andere Art schlecht. Er nimmt das ungewohnte Gefühl, das mit seinem ungewohnten Stehen einhergeht, als Beweis dafür, daß er jetzt richtig steht. Aber es gibt viele Möglichkeiten, schlecht zu stehen, und er hat bloß seine gewohnte schlechte Manier durch eine andere und nicht minder schlechte Manier ersetzt...[2]

Dewey fand die Lösung für dieses Problem des »Zielstrebens« erst, als er mit Alexander zu arbeiten begann. Es war Alexander, der ihm die konkreten *Mittel* für Veränderungen an die Hand gab, worauf Dewey zu folgendem Schluß kam:

Wir müssen den bloßen Gedanken ans Aufrechtstehen vergessen. Daran zu denken ist verhängnisvoll, denn es fesselt uns an eine eingefleischte Gewohnheit, falsch zu stehen. Statt dessen müssen wir beginnen, etwas anderes zu tun, das einerseits unser Zurückfallen in die gewohnte schlechte Halfung unterbindet (Inhibition) und andererseits der Beginn einer Reihe von Schritten ist, die zur korrekten Haltung führen können (Direktiven).

Solange man solche vorläufigen Schritte nicht ernst genug nimmt, um sie als Ziele in sich selbst zu betrachten und danach zu handeln, ist jeder Versuch, Gewohnheiten ändern zu wollen, reine Zeitvergeudung. Der jeweils nächste der vorläufigen Schritte ist *der*

wichtigste. Das Mittel, das am Beginn steht, ist das wichtigste *Ziel*, das man zu entdecken hat...

Nur durch die Umwandlung des Zieles in die Mittel zu seiner Erreichung wird es definitiv vorstellbar oder intellektuell definiert, von seiner Verwirklichung ganz zu schweigen... Aladin mit seiner Wunderlampe konnte zwar darauf verzichten, Ziele in Mittel umzusetzen, aber niemand sonst kann ihm dies gleichtun.[3]

Der tiefere Sinn dieses Vorgehens reicht weit über die Frage »wie stehe ich richtig?« hinaus. Die Alexander-Technik hebt durchgehend die Mittel hervor, die wir anwenden, um unsere Ziele zu erreichen. Man könnte das Ziel der Technik so definieren: sicherstellen, daß unsere Mittel stets die unserem Zweck in rationaler und physiologischer Hinsicht dienlichen sind. Der Mensch ist das Instrument für die Verwirklichung seiner Ziele, und der Zustand dieses Instruments bestimmt seine Fähigkeit, sich Ziele zu stecken und sie zu verwirklichen. Wie viele Menschen beeinträchtigen oder schaden sich selbst bei dem Versuch, ihre Ziele zu verwirklichen! Ist es verwunderlich, wenn auch unsere Ideale und Bestrebungen oft zu Schaden kommen?

In einem Artikel mit der Überschrift »Zielstreben und Mittel, wodurch« führt Aldous Huxley Deweys Überlegungen einen Schritt weiter:

Wir haben eine unmittelbare Einsicht in den Wert der höchsten moralischen und religiösen Ideale; und wir wissen aus Erfahrung, daß die üblichen Methoden, den Menschen diese Ideen einzuschärfen, nicht sehr erfolgreich sind. Politiker mögen soziale Reformen großen Umfangs ins Leben rufen mit der Absicht, die Welt zu verbessern; aber diese Reformen können höchstens zu einem Bruchteil der erhofften guten Resultate führen, wenn nicht Erzieher Mittel entdecken, wodurch die, die predigen und die, denen gepredigt wird, ihre guten Absichten tatsächlich ausführen und praktizieren können. Und dieser Brückenschlag zwischen idealistischer Theorie und realistischer Praxis hat sich als so schwierig erwiesen, daß die meisten Männer und Frauen dem Problem bisher einfach ausgewichen sind.[4]

Er fährt fort: Dieses Problem besteht immer weiter aufgrund der

Japanische Zen-Bogenschützen: gesammelte Aufmerksamkeit auf die »Mittel-wodurch«.

Tatsache, daß wir alle, in Alexanders Worten, »Zielstreber« sind. Wir haben Ziele, denen wir entgegenhasten, ohne jemals innezuhalten, um die Mittel zu überdenken, durch die wir, als psychophysische Organismen, unsere Absichten optimal verwirklichen könnten... Ein direktes Vorgehen ist naturgemäß zum Scheitern verurteilt. Gewiß kann man durch direkte Methoden bei schweren Symptomen eine gewisse Linderung bewirken und insofern einen Teilerfolg verbuchen; doch solche Resultate haben einen hohen Preis. Denn wenn die primäre Kontrolle fehlerhaft ist, kann jede intensive Tätigkeit, wie gut auch die dahinterstehende Absicht sein mag und welch teilweise Verbesserung auch dadurch erreicht werden mag, nur dazu beitragen, Gewohnheiten fehlerhaften Gebrauchs zu verfestigen. Das bedeutet, daß jeder so erreichte Vorteil mit schädlichen Nebeneffekten einhergeht, die, wenn nicht sogleich, so doch auf längere Sicht das Übergewicht erlangen werden.

Für Huxley lag die Lösung im indirekten Vorgehen. So kam er zu dem Schluß:

Die höchsten Werte des Lebens sind nur durch indirekte Annäherung erreichbar. Religion ist wertlos, wenn sie den unmittelbaren Vorteil des Gläubigen sucht. Für den Mystiker ist es unumstößlich, daß er zuerst das Reich Gottes und seine Gerechtigkeit suchen muß.

Es ist kein Zufall, daß Huxley ein Beispiel aus der religiösen Praxis anführt, denn er glaubte, daß der Weg des Mystikers, ob christlich oder orientalisch, eines der praktischen Verfahren ist, um die Kluft zwischen »idealistischer Theorie und realistischer Praxis« zu überbrücken. Das andere praktische Verfahren war für ihn die Methode Alexanders.

Ein kurzer Vergleich der Alexander-Technik mit einem System mystischer Praxis mag dabei helfen, die Dynamik der »indirekten Methode« zu erläutern. Das besondere System, das ich zum Vergleich heranziehen möchte, findet seine Beschreibung in Eugen Herrigels Buch *Zen in der Kunst des Bogenschießens*. Herrigel, ein deutscher Professor, studierte sechs Jahre lang bei einem japanischen Zen-Meister. Zu seiner Ausbildung gehörte das Erlernen der Kunst des Bogenschießens, und Herrigel beschreibt, wie jeder Schritt in diesem Lernprozeß ein Ziel für sich wurde. Die richtige Weise, den Bogen zu halten, die Sehne zu ziehen, den Pfeil abzuschießen, der richtige Stand, die richtige Atmung und vor allem die richtige innere Verfassung – all dies war zu meistern, ehe er auch nur daran denken durfte, das Ziel zu treffen. Als es an der Zeit war, den Pfeil auf das Ziel zu richten, sah sich Herrigel mit der verzwickten Aufgabe konfrontiert, »auf sich selbst zu zielen«.

Es erforderte Jahre der Bemühung, um die Kunst zu meistern. Manchmal traf Herrigel das Ziel; aber er wurde vom Meister nicht gelobt. »Unterlassen Sie es doch, an den Abschuß zu denken«, rief der Meister aus. »So muß er mißlingen!« »Ich kann nicht anders«, erwiderte Herrigel. Der Meister erklärte:

> Es ist alles so einfach. Sie können von einem gewöhnlichen Bambusblatt lernen, worauf es ankommt. Durch die Last des Schnees wird es herabgedrückt, immer tiefer. Plötzlich rutscht die Schneelast ab, ohne daß das Blatt sich gerührt hätte. Verweilen Sie gleich ihm in der höchsten Spannung, bis der Schuß fällt. So ist es in der Tat: Wenn die Spannung erfüllt ist, muß der Schuß fallen, er muß vom Schützen abfallen wie die Schneelast vom Bambusblatt . . .[5]

Eines Tages löste Herrigel einen Schuß, nach dem der Meister sich tief verbeugte und den Unterricht mit den Worten beendete: »Soeben hat ›Es‹ geschossen!«

Das letzte Ziel von Herrigels Suche war, das »alltägliche Bewußtsein« des Zen zu erreichen, das D. T. Suzuki beschreibt als »schlafen, wenn man müde ist, essen, wenn man hungrig ist«, oder anders gesagt, wissen, was seine wahren Bedürfnisse sind. Suzuki hat diesen Zustand mit folgenden Worten beschrieben:

> Ist dies erreicht, dann denkt der Mensch und denkt doch nicht. Er denkt wie der Regen, der vom Himmel fällt; er denkt wie die Wogen, die auf dem Meere treiben; er denkt wie die Sterne, die den nächtlichen Himmel erleuchten; wie das grüne Laubwerk . . . Hat der Mensch diese Stufe der »geistigen« Entwicklung erreicht, ist er ein Zen-Meister des Lebens. Er braucht nicht wie der Maler Leinwand, Pinsel und Farben. Er braucht nicht wie der Bogenschütze Bogen, Pfeil und Scheibe oder andere Ausrüstung. Er hat seine Glieder, seinen Körper, Kopf und ähnliches. Sein Zen-Leben drückt sich durch alle diese »Werkzeuge« aus, die wichtig sind als seine Erscheinungsformen. Seine Hände und Füße sind die Pinsel, und das ganze Weltall ist die Leinwand, auf die er sein Leben malen wird.[6]

Ich kann mich einiger Erfahrungen erinnern, die mir einen Vorgeschmack des Zustandes gaben, den Suzuki beschreibt. Diejenigen, die sich am leichtesten mitteilen lassen, machte ich als Mitglied im Tennis-

Team meines College, als ich noch nichts von der Alexander-Technik wußte. Ich spielte in einem wichtigen Match gegen einen schwierigen Gegner. Er hatte einen Satz zu null gewonnen und im zweiten Satz vier Spiele zu zwei. Bis dahin hatte ich eine Riesenanstrengung unternommen, in dem Spiel zu bleiben. Während mir der Schweiß über die Stirn rann, bedachte ich mein gegenwärtiges Dilemma und seine Bedeutung im Hinblick auf die menschliche Evolution, und mir ging die Komik der Situation durch den Kopf. Unversehens wechselte meine Orientierung von der Zukunft (wer wird Sieger?) zur Gegenwart (das Spüren des Schlägers in meiner Hand, der Geruch des Lehmbodens). Ohne darüber nachzudenken, begann ich, vorzüglich Tennis zu spielen. Ich gewann den zweiten Satz und holte in dem entscheidenden Satz – mit insgesamt sechs Spielen – auf. So kam es noch zu einem Tie-Break. Ich entsinne mich deutlich des Gefühles von Gelöstheit, ungeachtet der Tatsache, daß mein Trainer und sämtliche Zuschauer sich um das Spielfeld versammelt hatten. Im Tie-Break spielte ich das beste Tennis meines Lebens und gewann mühelos alle Punkte. »Es« gewann das Spiel.

Bei »Gipfelerlebnissen« oder »schöpferischen« Momenten wie diesem gibt es für mich keinen Unterschied mehr zwischen dem Ziel und den Mitteln ... Was bleibt, ist ein Gefühl des ewigen Jetzt. Durch meine Beschäftigung mit der Alexander-Technik habe ich eine systematische Methode gefunden, mich diesem Prozeß des »Nicht-Tuns« zu öffnen. Meine Handlungen tendieren immer mehr dahin, »wie Schnee von einem Bambusblatt zu gleiten«.

Wie es physikalische Gesetze gibt, die das Verhalten der Objekte bestimmen, so gibt es, glaube ich, Gesetze menschlicher Reaktion, die diese Art von Erfahrung bestimmen. Alexander entdeckte einige dieser Gesetze durch die Anwendung der experimentellen Methode auf sein eigenes Verhalten. Das Schöne an seiner Entdeckung aber ist, daß er sie ganz allein gemacht hat – ohne vorher Bücher über Selbsterkenntnis gelesen oder Zen studiert zu haben.

Teil III

Lernen, wie man lernt

> Jeder will es richtig machen; aber niemand hält inne, um zu überlegen, ob seine Vorstellung von »richtig« die richtige ist.
>
> F. M. Alexander

Die natürliche Mitgift wacher Ausgewogenheit

Möglichkeiten ausschöpfen

Beobachtet man das Verhalten von Kleinkindern, so ist es frappierend, zu sehen, mit welcher Rückhaltlosigkeit sie ihre Umwelt erforschen – mit strampelnden Beinchen und mit Ärmchen, die sich dem Unbekannten entgegenstrecken. Sie erwecken den Eindruck kleiner Forscher bei dem Versuch, die Welt um sich herum zu verstehen. Fehler zu machen wird Teil der Erfahrung, und kein Mißlingen kann sie entmutigen; da gibt es keinerlei Scham oder Verlegenheit, nur den immer neuen Wunsch, weiterzuforschen.

John Holt, Lehrer und Verfasser von *How Children Fail*, hat über seine Beobachtungen an Säuglingen und Kleinkindern geschrieben:

> Sie zeigen einen Lebensstil, einen Wissensdrang und eine Lernbereitschaft, die bei einem Erwachsenen schlicht genial zu nennen wären. Kaum einer unter tausend oder zehntausend Erwachsenen kann in drei Jahren so viel lernen und ein derart rasch zunehmendes Verständnis seiner Umwelt entwickeln wie jedes Kleinkind in seinen ersten drei Lebensjahren.[1]

Die Qualität der Bewegung eines kleinen Kindes und die Integrität seines Körpers spiegeln seine innere Einstellung wider. Obwohl der Kopf im Verhältnis zum Körper unverhältnismäßig groß und die Koordination noch nicht voll entwickelt ist, bewegen sich Kleinkinder frei und unverkrampft. Sie sitzen aufrecht, bücken sich, indem sie die Knie beugen und längen ganz natürlich ihr Rückgrat. Legt man seine Hände auf den Rücken eines Kindes, so kann man die Ganzheit seines Körpers und die hindurchströmende Energie spüren.

Was wird aus diesem Lerneifer und dieser psychophysischen Integrität beim Älterwerden des Kindes? Holt schreibt dazu:

> Sie werden zerstört, und zwar in allererster Linie durch einen Prozeß, den wir irreführenderweise Erziehung nennen – ein Prozeß, der in den meisten Elternhäusern und Schulen stattfindet. Wir Erwachsenen zerstören nahezu die ganze intellektuelle und schöpferische Kraft der Kinder durch das, was wir tun oder sie zu tun veranlassen. Vor allem zerstören wir diese Kraft, indem wir sie lehren, Angst zu haben – die Angst, nicht das zu tun, was andere Leute möchten, die Angst, Mißfallen zu erregen, etwas falsch zu machen, zu versagen, kurz, ein Verlierer zu werden. Und so nehmen wir ihnen den Mut, etwas zu riskieren, sich auf Versuche

einzulassen, sich dem zu stellen, was schwierig und unbekannt ist.[2]

Meine eigenen Erfahrungen mit dem Lehren und Lernen in Großbritannien und den USA sind für mich eine Bestätigung dieser Aussage Holts. Ich besuchte eine bürgerliche, rein weiße »vorbildliche« Grundschule. Die Oberschule war gemischtrassig, großstädtisch und »knallhart«. Das private College war anspruchsvoll und »progressiv«. Und jede dieser Institutionen war auf ihre Weise ein Kampfplatz für Gewinner und Verlierer. Bis zu meinem ersten Oberschuljahr war ich meist auf seiten der Verlierer und als schwacher Schüler abgestempelt. Ich war unglücklich und kämpfte gegen die Lehrer; die Arbeit erschien mir langweilig und sinnlos. Allmählich ging mir dann auf, daß ich mit ein bißchen Anstrengung meinen Lehrern sagen konnte, was sie zu hören wünschten. Das erleichterte mir das Leben sehr und ich wurde einer der »Sieger« insofern, als ich die Oberschule mit Auszeichnung verließ, Captain der Leichtathletik-Mannschaft war, und so weiter.

An der Universität traf ich andere, die ihre Oberschulerfahrungen in gleicher Weise verarbeitet hatten. Es war der Geist der Zeit, alles in Frage zu stellen; es wurde heftige Kritik am Krieg in Vietnam geübt, und nicht nur pädagogische, sondern auch gesellschaftliche, politische und religiöse Werte wurden in Frage gestellt. Ich wußte, daß mit der Gesellschaft etwas nicht in Ordnung war, und so begann ich, Möglichkeiten zu ihrer Veränderung zu erproben. Ich nahm teil an Demonstrationen, Teach-ins und anderen Formen des organisierten Protests, doch schien keine davon wirklich an die Wurzel des Problems zu gelangen. Mir wurde immer klarer, daß sich die meisten Menschen, ob nun konservativ oder radikal, in ihren Aktionen und Reaktionen nur ihrer jeweiligen Konditionierung gemäß verhielten. Ich zog daraus den Schluß, daß ich besser daran täte, mir zuerst einmal über mich selbst Klarheit zu verschaffen, bevor ich daran ginge, andere zu belehren; und so änderte ich meine Studienrichtung – von den Politischen Wissenschaften zur Psychologie – in der Hoffnung, nun den Schlüssel zur Selbstbefreiung (aus Unterdrückung aufgrund von Konditionierung und Gewohnheit) zu finden. Doch ich war bald enttäuscht von der Selbstherrlichkeit der Verhaltenspsychologie und der akademischen Begriffs- und Wortklauberei. Also wechselte ich zum Studium der Philosophie über mit dem Ziel, die Dinge von Grund

Die natürliche Integrität von Kopf, Nacken und Rücken bei einem kleinen Kind

auf zu erkennen; statt dessen aber bekam ich noch mehr Theorie ohne Erfahrungsgrundlage vorgesetzt. Nachdem ich so die Grenzen des akademischen Studiums erkannt hatte, begann ich, Wege zu suchen, die auf wirklicher Erfahrung beruhten. Ich entdeckte das Werk C. G. Jungs, dessen Leben mir als beispielhafter Ausdruck seiner Lehre erschien. Mich inspirierte das Bild von den Möglichkeiten des Menschen, wie es in seinen Schriften aufscheint; und ich begann, eine Reihe östlicher und westlicher Lehren und Techniken zur Selbstentfaltung zu erproben. Schließlich führte mich mein Weg zur *International Academy for Continuous Education* im Westen Englands, wo ich ein Jahr als Mitglied einer sich selbst versorgenden Kommune lebte und lernte, jene Techniken auf praktische Alltagssituationen anzuwenden. Und im I.A.C.E. lernte ich die Alexander-Technik kennen als die konkreteste aller Methoden der Selbstbeobachtung und Selbsterfahrung, denen ich bisher begegnet war. So beschloß ich, Lehrer der Alexander-Technik zu werden, und ich fand im Laufe meiner Ausbildung, daß ich eine immer klarere Vorstellung von den Verhaltensmustern gewann, die meine Lernfähigkeit beeinträchtigt hatten. Als ich diese Muster aufzudecken begann, konnte ich ihre Spur bis zu meinen Schul- und Universitätsjahren zurückverfolgen.

Ich verstehe jetzt, daß mein äußerer »Erfolg« durch den Verlust innerer Verbundenheit mit der wahren Natur des Lernens erkauft worden war. Zwar behauptete ich, an fortschrittliche Erziehung zu glauben; doch mein Verhalten – vor allem angesichts der Herausforderung, etwas Neues zu lernen – war alles andere als fortschrittlich, denn es war gekennzeichnet durch zügelloses Zielstreben und Angst. Im allgemeinen vermied ich das Neue und Unvertraute, indem ich mich auf Dinge konzentrierte, in denen ich schon gut war. Obwohl mich die Werke der Bildenden Kunst und Musik interessierten, schien ich selbst kein Talent dafür zu haben, und so vermied ich es, diesbezüglich zu experimentieren. Ich zog es vor, meine Angst vor der eigenen Unzulänglichkeit zu ignorieren und ging statt dessen in Konzerte und Kunstgalerien, wo ich meine verbale Geschicklichkeit in kritischen Analysen demonstrieren konnte, wodurch ich einseitig wurde und die Ganzheitlichkeit opferte.

Lernen war mit unangenehmen Assoziationen verknüpft. Ich sah es als etwas Belastendes an, bei dem es nicht ohne Plackerei und Ausdauer, nicht ohne Lehrer oder eine Schule abging. Was das Schlimmste war: Es handelte sich um etwas, dem man sich unterzog, um dafür belohnt oder von anderen anerkannt zu werden und nicht um etwas, das sich aus einem selbst und für einen selbst ergab. Schließlich ging mir auf, daß ich auch mein Wissen über Selbstentfaltung auf diese Weise zu erlernen versucht hatte.

Obgleich ich auch vom Studium anderer Methoden profitierte, war die Alexander-Technik von grundlegender Bedeutung bei meiner Suche nach geeigneten Mitteln, die Vorherrschaft der Gewohnheit zu brechen und zu lernen, wie man lernt. Das hat seinen Grund darin, daß die Alexander-Technik ihrem Wesen nach eine Übung im Lernen ist. Der Alexander-Schüler hat die ungeteilte Aufmerksamkeit seines Lehrers, der ihm zuhört und mit ihm spricht – nicht bloß verbal, sondern auch durch seine Hände. Der Lehrer lernt mindestens so viel wie sein Schüler. Jede Stunde ist ein lebendiges Experimentieren mit den Möglichkeiten, unsere täglichen Verrichtungen intelligent zu erfüllen. Der Unterricht findet in einer Atmosphäre statt, die frei ist von Vergleichs- und Wettbewerbsdenken; es gibt weder Diagnosen noch Tests, weder schwarze Gürtel noch goldene Sternchen. Das einzige Charakteristikum einer solchen Lektion besteht darin, daß der Lehrer dem Schüler die Erfahrung ausgewogener Koordination wirklich vermittelt. Wie andere Lehrmethoden umfaßt die Technik Unterweisung, Demonstration und Übung; aber ich habe keine andere Methode gefunden, bei der das erwünschte Resultat für den Schüler buchstäblich zustande gebracht wird. Die kinästhetische Erfahrung ist ein Geschenk, aber es braucht seine Zeit, bis man dieses Geschenk wirklich zu würdigen weiß; und natürlich muß der Schüler die bewußte Inhibition und die Ausrichtung durch Direktiven üben, wenn er sich dieses Geschenk wirklich zu eigen machen will. Auf jeden Fall ist eine gewisse Verbesserung der Koordination fast unvermeidlich, es sei denn, der Schüler widersetzt sich aktiv.

Diese Erfahrung vermittelt uns einen Einblick in die Möglichkeit von Freiheit und Gnade, die in uns verschlossen ruht. Wenn man sich klarmacht, wieviele Möglichkeiten wir in uns brachliegen lassen, so kann das sehr bestürzend sein. Ich habe allerdings Schüler gehabt, die siebzig und achtzig Jahre alt waren, und die begonnen haben, die Gewohnheiten eines langen Lebens zu verändern. Es scheint also, als sei die Ausgewogenheit immer schon unter der Oberfläche vorhanden und warte nur darauf, entdeckt zu werden.

Ein anderer, der Alexander-Technik eigentümlicher Aspekt ist der, daß der Lehrer selbst praktizieren muß, was er lehrt, um bei diesem Entdeckungsprozeß helfen zu können. Wer hat noch nie von verrückten Psychologen, kranken Ärzten und geldgierigen Gurus gehört. Ein

Alexander-Lehrer muß, um die Technik wirklich unterrichten zu können, fortwährend an sich selbst arbeiten. Die ersten beiden Jahre seiner Ausbildung sind fast ausschließlich der Verbesserung seines eigenen »Gebrauchs« gewidmet; denn nur, wenn er einen bestimmten Standard erreicht hat, kann er die Arbeit mit anderen beginnen. Jedesmal, wenn ein Lehrer seine Hand an einen Schüler legt, muß er an sich selber arbeiten, indem er seine gewohnheitsmäßigen Reaktionen unterbindet und seinen eigenen »Gebrauch« bewußt ausrichtet.

Die besten Lehrer – welcher Disziplin auch immer – die ich je hatte, waren fast ausnahmslos Menschen, die aus ihrer eigenen Erfahrung heraus unterrichten. Dazu gehören alle meine Alexander-Lehrer. Um die Technik zu unterrichten, muß man den Fortschritt von Veränderung und Wachsen an sich selbst erfahren. Einen anderen Weg gibt es nicht.

Die Alexander-Lektion spielt sich auf der Ebene des Selbst ab. Kein Rüstzeug ist nötig außer dem naturgegeben eigenen. Zu lernen, wie man mit sich selbst umgeht, ist grundlegend und unmittelbar, und ich habe gefunden, daß es ein hervorragendes Modell für jede Art von Lernen darstellt. Ich habe festgestellt, daß mir die Alexander-Technik auf mancherlei Weise dabei helfen kann, mein Lernpotential zu nutzen.

Mit der Angst umgehen

Angst ist das größte Hindernis für integrales Lernen. Sie stört sowohl in seelischer als auch in körperlicher Hinsicht die Fähigkeit eines Individuums, frei und ungezwungen auf Situationen einzugehen und natürlich zu funktionieren, Fähigkeiten, die die Grundvoraussetzung für integrales Lernen bilden. Angst wurde seit eh und je als »Lehrmittel« beim Militär und im Leistungssport eingesetzt. Sie bringt Ergebnisse; ihre Auswirkungen aber sind auf längere Sicht immer verheerend.

Wir alle haben unsere Ängste: Angst im Dunkeln, Angst, zu versagen, Angst, sich lächerlich zu machen. Manche Ängste reichen sehr tief; sie können begründet oder unbegründet sein; aber was sie so gefährlich macht, ist, daß sie gewöhnlich unterbewußt wirken. Die Alexander-Technik hilft mir, stereotype Reaktionen auf Angst besser wahrzunehmen. Sie hat mir ermöglicht, meine Ängste bewußt zu machen. Das ist der erste Schritt auf dem Wege, sie zu verstehen und aufzulösen und ihnen damit die Macht zu nehmen, meine Lernfähigkeit zu ersticken.

Aufmerksamkeit entwickeln

Das Verfahren, das Alexander zur Lösung seines ursprünglichen Problems entwickelte, erfordert eine aufs höchste geschärfte Aufmerksamkeit. Seitdem ich dieses Verfahren praktiziere, hat sich meine Fähigkeit verstärkt, mühelos und ungezwungen Aufmerksamkeit zu schenken.

Das Aufmerksam-Sein hat immer seine Entsprechung in dem Zustand von Spannung und Ausgewogenheit unserer Muskulatur. Meine durch die Alexander-Technik gewonnene intensivere Wahrnehmung dieser Faktoren gibt mir die Möglichkeit, jede meiner Handlungen mit gesteigerter Aufmerksamkeit und Effizienz durchzuführen. Nun, da ich gelernt habe, mir selbst auf diese Weise »zuzuhören«, finde ich es leichter, anderen zuzuhören – eine Fähigkeit, die einem, will man etwas lernen, sehr zustatten kommt.

Das »Wie« beachten

Es ist unmöglich, in der Alexander-Technik Ergebnisse zu erzwingen. Bei jedem Schritt muß den »Mitteln-wodurch« Aufmerksamkeit geschenkt werden. Die Primärkontrolle läßt sich einfach nicht unvermittelt in Gang setzen.

In fast allen anderen Lebensbereichen werden durch Zielstrebigkeit – der wir deshalb alle huldigen – augenfällige Resultate erreicht. Das Problem ist nur, daß diese raschen Resultate oft ohne jede innere Ausgeglichenheit zustandekommen und wir später einen hohen Preis dafür zu zahlen haben.

Ich habe gelernt, dem »Wie« der Dinge mehr Aufmerksamkeit zu schenken und die eigene Ausgeglichenheit als einen grundlegenden Aspekt bei meiner Einstellung zum Lernen zu berücksichtigen.

Vom Bekannten zum Unbekannten gehen

Alexander hat einmal gesagt:

> Ihr wollt erspüren, ob ihr's richtig macht. Ich gebe euch ein Konzept, um das zu vermeiden. Ich will, daß ihr euch den Teufel drum kümmert, ob ihr's richtig macht oder nicht. Sobald es euch einerlei ist, ob ihr's richtig oder falsch macht, ist das Hindernis aus dem Weg geräumt.[3]

Alexander fand, daß seine Schüler, wenn sie lernten, sich auszurichten, einen fast unwiderstehlichen Drang verspürten, die Auswirkungen der Direktiven zu »erspüren«, um zu sehen, ob sie es »richtig machten«. Die fehlerhafte kinästhetische Wahrnehmung hingegen macht solche Anstrengungen nutzlos, welche überdies die Wirksamkeit der Direktiven beeinträchtigen. In den meisten Menschen scheint der Gedanke »mach ich's auch richtig?« mit einem festgelegten Spannungsmuster gekoppelt zu sein, das sie daran hindert, ein neues und freieres Gleichgewicht zu erleben. Konkret gesagt: Die Alexander-Technik lehrt einen Schüler, der Vernunft zu vertrauen auch auf die Gefahr hin, sich desorientiert zu fühlen und vom »Bekannten zum Unbekannten« vorzustoßen. Diese Reise setzt die Bereitschaft voraus, Fehler zu machen, wie auch, aus ihnen zu lernen, worin das Wesen des Lernens überhaupt liegt.

Experimentelles Denken

Als Dewey davon sprach, die »Methode der Intelligenz, wie sie von der Wissenschaft verkörpert wird, zum obersten Gesetz der Pädagogik zu erheben«, da ging es ihm nicht so sehr um die technischen Aspekte der Wissenschaft, als um ihre Qualitäten wie Objektivität, Ehrlichkeit, Freiheit, Offenheit für Veränderungen und praktische Durchführbarkeit. Er war der Ansicht, daß die wissenschaftliche Methode dort ihren Anfang nimmt, wo der einzelne sich einem echten Problem von weittragender Bedeutung gegenübersieht. Ich jedenfalls gewann einen meiner ersten wirklichen Einblicke in diese Methode, als ich lernte, mit meinem eigenen »Gebrauch« zu experimentieren und meinen Fortschritt verfolgte, indem ich mich im Spiegel beobachtete und auf die Qualität meines Atems achtete.

Bei der Alexander-Technik handelt es sich um den fortwährenden Versuch, Störfaktoren des natürlichen Funktionierens in immer tieferen Schichten aufzuspüren und auszuschalten. Dieser nie endende experimentelle Prozeß orientiert sich an den grundlegenden Prinzipien der Technik, die in der Durchführung stets aufs neue erprobt werden.

Verbesserte Kinästhetik und Koordination

Die von der Alexander-Technik geförderte Entwicklung kinästhtetischer Zuverlässigkeit und Koordination erleichtert das Erlernen jeglicher Fertigkeit von Anfang an. Auch hier habe ich es, seit ich die Technik studiere, viel leichter gefunden, eine genaue Vorstellung von einer neuen Aufgabe und das richtige »Gespür« dafür zu entwickeln. Außerdem finde ich, daß mein Körper heute viel williger und besser imstande ist, den Anweisungen, die er erhält, zu folgen.

Nichteinmischung
Meine Erziehung hatte in mir den Glauben genährt, daß ich um so mehr erreichen würde, je mehr ich mich bemühte. Diese Strategie funktionierte einfach nicht in meinen Alexander-Stunden. Da war nichts, was ich *tun* konnte, um meine Ausgewogenheit zu verbessern; was ich lernen mußte, war *Nicht-Tun*. Das war zunächst verwirrend; aber dann entdeckte ich, daß die Lösung vieler anscheinend schwieriger Aufgaben nicht darin liegt, sich »mehr Mühe zu geben«, sondern sich in Ruhe zu lassen. Um etwas Neues zu erlernen, sollten wir zuerst einmal störende Reaktionen unterbinden; darin liegt der Schlüssel, der uns die Möglichkeit eröffnet, das für unser Vorhaben beste Verfahren zu entdecken. Mein Organismus scheint heute zu so viel mehr fähig zu sein, als ich ihm jemals zugetraut hätte – solange ich mich nicht einmische.

Viele von Alexanders Entdeckungen sind Dinge, die jeder gute Lehrer im Grunde weiß. Ein Rezensent von *Man's Supreme Inheritance* nannte die Technik den »in ein System gebrachten gesunden Menschenverstand«. Dem möchte ich hinzufügen, daß dieser in ein System gebrachte gesunde Menschenverstand auf einem Verständnis des natürlichen menschlichen Funktionierens beruht. John Dewey wies darauf hin, daß die Alexander-Technik »sich in gleicher Weise zur Erziehung verhält, wie sich Erziehung selbst zu allen anderen menschlichen Aktivitäten verhält«. Einer meiner Kollegen nennt die Alexander-Technik eine »Prä-Technik«, weil das Erlernen des guten »Gebrauchs« grundlegend für alles andere ist. Gleich der Musik lebt die Technik nur, indem man sie anwendet. Sie ist dazu da, aufs Leben angewandt zu werden. Ich habe gefunden, daß sie mir dazu verhilft, alles, was ich tun möchte, so gut zu tun wie ich nur immer vermag.

Singen lernen
Ein Wort beschreibt meine Reaktion, als ich hörte, daß Gesangstunden einen Teil des Alexander-Trainingskurses ausmachen würden – Angst. Immer war mir gesagt worden, daß ich »unmusikalisch« sei, und man hatte mich davon überzeugt, daß ich kein musikalisches Gehör hätte. In der Vorweihnachtszeit, wenn die anderen Weihnachtslieder sangen, war ich gewöhnlich hinausgeschickt worden, um den Eierflip zu rühren. Die erste Begegnung mit meiner Gesanglehrerin war für mich eine Katastrophe. Wir waren acht Leute, die im Kreise saßen und der Reihe nach gebeten wurden, »irgend etwas« zu

singen. Als die Reihe an mich kam, weigerte ich mich rundheraus – stocksteif vor Angst.

Mit dem Beginn des Einzelunterrichts ließ der Druck nach. Meine Lehrerin war sehr resolut; sie bestand darauf, daß ich singen könne und schenkte meinen Protesten keine Beachtung. Anfangs ärgerte mich das, aber ich begann bald einzusehen, daß sie recht hatte.

Ich fand heraus, daß ich, wenn ich nicht zuviel über die Höhe eines Tones nachdachte und mich nicht anstrengte, es »richtig« zu machen, die Töne zu treffen begann. Meine übliche Reaktion auf die Vorstellung von »Singen« und »den Ton treffen« war eine modifizierte Form des Schreckmusters. (Es ist nicht leicht, mit zusammengepreßtem Kehlkopf zu singen.) Ich sah, daß ich in einem Teufelskreis steckte: Meine übliche Reaktion beeinträchtigte meine Stimme, und wenn ich den dementsprechendem Ton hörte, verkrampfte ich mich noch mehr, und so fort. Es lag auf der Hand, daß ich das Übel an seiner Wurzel packen mußte. Ich mußte meine gewohnte Reaktion unterbinden und meine Aufmerksamkeit auf die »Mittel-wodurch«, auf den Vorgang selbst richten.

Meine Lehrerin schlug vor, daß ich meinen Kiefer entspannen, ein freundliches Gesicht machen und meine Stimme auf einen Punkt am anderen Ende des Raumes richten solle. Ich wandte also meine Aufmerksamkeit auf diese speziellen Aufgaben, während ich darauf achtete, die allgemeinen Direktiven für den besten »Gebrauch« meiner selbst im Hintergrund zu behalten. (Diese Art des Jonglierens mit der tätigen Aufmerksamkeit ist das, was Dewey »Denken in der Aktivität« nannte.) Glücklicherweise war meine Koordination so gut, daß jede Direktive, die ich mir erteilte, sogleich zur Auswirkung kam, (was, wie mir meine Lehrerin sagte, im allgemeinen nicht der Fall ist bei Schülern, die keine Erfahrung mit der Alexander-Technik gemacht haben). Anfangs traf das freilich nur dann zu, wenn ich es mit sehr einfachen Tonfolgen zu tun hatte. Versuchte ich, hohe Noten oder schwierige Passagen zu singen, so wurde meine gute Absicht durch meine unüberlegte, instinktive Ausrichtung zunichte gemacht. Mit fortgesetzter Übung erfüllte ich mehr und mehr die notwendigen Voraussetzungen bei zunehmend schwierigen Passagen. Diese Arbeit war voll neuer Erfahrungen. Ich mußte mich darauf einlassen, den Mund zu öffnen und ungewohnte Töne herauszulassen – und damit hatte ich die größten Schwierigkeiten.

Als es mir gelang, meine üblichen Störmanöver zu vermeiden und mich ins Unbekannte vorzuwagen, verschmolzen die verschiedenen

Direktiven, die ich mir gab, zu einer integrierten Erfahrung. Ich traute meinen Ohren nicht bei einigen der Töne, die ich da hervorbrachte.

Heute verfehle ich nur noch selten einen Ton, wenn ich mit Begleitung singe; meine Stimmqualität verbessert sich und ich bin dabei, meine eigentliche Stimme zu finden.

Jonglieren lernen

Ich lernte das Jonglieren auf mühsame Art. Es wurde mir vorgemacht; mir wurde gezeigt, wie ich die Bälle werfen müsse, und damit wurde ich mir selbst überlassen. Zum Glück wollte ich es wirklich lernen. Ich mühte mich ab, die Bälle in Schwung zu halten und griff nach ihnen, indem ich meinen Körper verdrehte. Trotzdem hatte ich großen Spaß daran und machte weiter. Nachdem ich ein paar Monate lang täglich zehn Minuten geübt hatte, konnte ich drei Bälle in der Luft halten und ein paar Tricks ausführen. Und gerade, als ich zu experimentieren begann, traf ich einen großartigen Jongleur, der außerdem ein geduldiger Lehrer war. Er zeigte mir eine Menge technischer Kniffe und war ein wunderbares Vorbild. Nach anderthalb Jahren Übung – mit gelegentlichen Unterbrechungen – konnte ich routinemäßig mit drei und vier Bällen spielen und übte mit einem fünften.

Um diese Zeit begann ich meine Ausbildung zum Alexander-Lehrer. Nicht lange, und mir ging auf, daß ich beim Jonglieren etwa zehnmal mehr Energie als nötig investierte. Zwar war mir schon klar, daß fortgesetzte Übung die ganze Sache leichter machte, und sicher konnte ich jetzt drei Bälle mit viel weniger Anstrengung als vor einem Jahr in der Luft halten, doch auf welche Weise sich der benötigte Kraftaufwand verringert hatte, war mir noch ein Rätsel.

Des Rätsels Lösung begann sich abzuzeichnen, als mir klar wurde, was ich mit mir selbst tat, um zu jonglieren. Ich merkte, daß ich mir Halt verschaffte, indem ich mein linkes Bein versteifte, um mich darauf zu stützen, und daß ich Hals, Arme und Schultern verspannte und, vor allem während schwieriger Manöver, den Atem anhielt. Vor allem war ich betroffen über das Ausmaß an Spannung, die ich jedesmal, wenn ich einen Ball fing, in mir erzeugte. Diese Gewohnheiten standen meinem Fortschritt sichtbar im Wege, und mich beschlich das Gefühl, daß bestimmte Tricks für mich ganz unerreichbar seien. Vielleicht hatte ich die Grenze meiner Möglichkeiten erreicht. Schlechte Gewohnheiten störten nicht nur mein allgemeines Funktionieren, sie blockierten auch mein Vorankommen.

Um mit meinem »Gebrauch« zu experimentieren und meine Arbeit

mit der Alexander-Technik intensiver auf mich wirken lassen zu können, setzte ich für ein paar Monate mit dem regelmäßigen Üben aus. Sobald ich wieder anfing zu jonglieren, merkte ich, daß ich nicht mehr ganz so viel Anstrengung wie zuvor benötigte. Vielleicht investierte ich nur noch siebenmal so viel als eigentlich nötig. Als ich neue Variationen zu lernen versuchte, war es mir möglich, ein besseres »Vorgefühl« von ihnen zu haben. Obwohl meine Gewohnheitsmuster noch immer vorhanden waren, hatten sie sich ein wenig abgeschwächt. Ich bemerkte, daß ich bisher meine Aufmerksamkeit immer auf das Fangen der Bälle anstatt auf das Werfen gerichtet hatte. Das erklärte, warum ich mich beim Fangen verkrampfte.

Ich begann nun das ganze Problem im Zusammenhang mit der ständigen Angst des Jongleurs zu sehen, die Bälle fallen zu lassen. Immer hatte ich versucht, »es richtig zu machen«, indem ich mein Ziel, die Bälle zu fangen, unmittelbar anstrebte. Nun schenkte ich dem Wurfvorgang mehr Beachtung, wobei ich mir jeden Versuch untersagte, nach dem Ball zu greifen, wenn er nicht direkt in meiner Hand landete; und bald jonglierte ich mit geschlossenen Augen.

Die Feuerprobe war natürlich eine öffentliche Vorstellung. Immer wieder fiel ich in meine alten Gewohnheiten zurück; aber die Qualität meines Jonglierens hatte sich nichtsdestoweniger entschieden verbessert, und meine Einstellung zur Angst, die Bälle fallen zu lassen, änderte sich. Das Panikgefühl, das dem Fallenlassen gewöhnlich folgt, ließ sich unter Kontrolle bringen durch die Entscheidung, nicht in gewohnter Weise zu reagieren. Statt dem Ball nachzujagen, blieb ich einfach mit einem sinnenden Gesichtsausdruck stehen. Der Ball sprang dann gewöhnlich wieder hoch und ich konnte ihn dem Rhythmus des Verlaufs wieder einfügen. Und immer gab es jemanden in der Zuschauerschaft, der sagte: »Das hat er absichtlich so gemacht.« Auch gelang es mir besser, meine Vorstellung zu überblicken. Ich hatte nicht nur besseren Kontakt zu meinem Jonglieren; ich nahm auch die Reaktionen der Zuschauer deutlicher wahr, sowie meine Mimik (Grimassen und Jonglieren gehören einfach nicht zusammen) und meine innere Verfassung. Ich schien »zentrierter« zu sein. Das erwies sich als sehr nützlich, als ich einmal fünf Abende pro Woche in einem Restaurant arbeitete, das sich auf »mittelalterliche Banketts« speziali-

Den Lernprozeß aufmerksam zu verfolgen ist wichtiger, als nach Resultaten zu haschen. Noch wichtiger ist es, die Angst vor dem Versagen abzustreifen.

siert hatte. Das Lokal war ein Alptraum für einen Jongleur: niedrige Decke, schwaches Licht, fünfhundert betrunkene Touristen und ein Schwarm geplagter »Maiden« und anderer Darsteller mit mangelhaftem Raumgefühl.

Fortgesetzte Arbeit mit der Alexander-Technik hat mir geholfen, einen Punkt zu erreichen, an dem ich behaupten kann, nur noch doppelt soviel Energie zu benötigen wie eigentlich nötig. Das Jonglieren ist mir so natürlich geworden wie das Gehen. Zur Zeit arbeite ich mit sieben Bällen und ein paar Tricks, von denen ich früher nicht einmal zu träumen gewagt hätte. Nichts von alledem wäre möglich gewesen ohne regelmäßiges Üben, starke Motivation und gute Lehrer. Meine Arbeit mit der Alexander-Technik lieferte einfach eine systematische Methode, um durch meine Übungen mehr zu erreichen und meine Koordination zu verbessern.

Unterricht im Jonglieren

Das Problem des Jonglieren-Lernens kann auf eine Weise gelöst werden, die viel leichter ist als die von mir zunächst angewandte. Da Jonglieren eine Reise in unbekanntes Territorium bedeutet, bilden Alexanders Prinzipien einen nützlichen Reiseführer. Ich lege meinen Jonglierklassen die Anwendung der Prinzipien von Inhibition, Ausrichtung durch Direktien und Beachtung der »Mittel-wodurch« zugrunde. Eine typische erste Lektion beginnt mit einer Demonstrations- und Aufwärmrunde. Dann gebe ich jedem Schüler einen Ball mit der Aufforderung, damit zu spielen und gleichzeitig seine Aufmerksamkeit darauf zu richten, wie sich der Ball für ihn anfühlt und wieviel Kraft man benötigt, um ihn hochzuwerfen. Ich lasse ihn den Ball in verschiedene Richtungen werfen und beobachte die Rückwirkung auf sein Gleichgewicht; und vor allem ermutige ich ihn, sich daran zu gewöhnen, den Ball fallen zu lassen, ohne den Spaß an der Übung zu verlieren.

Mit dieser Hilfe finden die Lernenden schließlich heraus, daß Balance und Kontrolle am besten zu erreichen sind, wenn man den Flug der Bälle auf die Ausmaße eines imaginären Kastens beschränkt. Dann demonstriere ich, welches die beste Flugbahn für einen Ball ist, der innerhalb des Kastens von einer Hand zur anderen geworfen wird und bitte die Schüler anschließend, die Augen zu schließen und sich vorzustellen, wie sie den Ball von Hand zu Hand werfen. Wenn sie dann zu üben beginnen, so bitte ich sie, möglichst nicht nach dem Ball zu greifen, wenn er aus dem Kasten fliegt, um ihre Balance zu wahren.

Bei der nächsten Übung geht es darum, einen Ball von rechts nach links und einen zweiten von links nach rechts symmetrisch und in verschobenem Zeitmaß zu werfen. Ich teile die Klasse in Zweiergruppen auf und bitte sie, für ein paar Minuten zu üben. Der Schüler, der gerade nicht jongliert, wird gebeten, in seinem eigenen Interesse zu beobachten, auf welche Weise sein Partner sich selbst »gebraucht« (was geschieht mit dem Verhältnis zwischen Kopf und Nacken, mit seiner Atmung usw.) Im übrigen ist es seine Aufgabe, die Bälle aufzuheben. Der Jongleur beginnt, indem er die Bälle hintereinander hochwirft und fallen läßt. Nach einiger Übung versucht er, den ersten Ball zu fangen, während er den zweiten fallen läßt und später, den zweiten zu fangen, während der erste fällt. Seine Aufgabe ist es, die Qualität seines Wurfs zu beachten und die gewohnheitsmäßige Reaktion auf das Fallenlassen der Bälle – die fast immer darin besteht, daß man ihrer mit einem Ausfallschritt habhaft zu werden sucht – zu unterbinden. Andernfalls wird er bald jegliches vorhandene Gleichgewicht verlieren und stets »auf dem Sprung« sein, beim Jonglieren einen Ausfall zu machen. Wenn ein Schüler Inhibition übt, kommt er bald darauf, daß es notwendig ist, alle paar Würfe zu pausieren, um sein Gleichgewicht wiederzufinden; und während er darauf wartet, daß sein Partner die Bälle einsammelt, soll er sich noch einmal bildhaft den gewünschten Verlauf vergegenwärtigen.

Eine der größte Schwierigkeiten beim Lernen, mit zwei Bällen zu jonglieren, liegt in der gewissermaßen psychophysisch vorgefaßten Meinung, die man im allgemeinen davon hat. Anfänger neigen meistens dazu, den Ball mehr oder weniger von der rechten in die linke Hand zu legen, anstatt ihn zu werfen. Macht man sie auf diese Reaktion aufmerksam, so sind sie oft sehr verwundert, zu erkennen, daß sie nicht das taten, was sie zu tun glaubten. Dieses Hindernis läßt sich überwinden, wenn man zwischen den Würfen pausiert und seine Aufmerksamkeit darauf richtet, die unerwünschte Reaktion zu vermeiden, während man sich den erwünschten Ablauf innerlich vorstellt.

Nach etwa einer Stunde jonglieren die meisten mit zwei Bällen. Auf dieser Stufe bitte ich den Schüler, seine Hände in die Bereitschaftshaltung zum Jonglieren zu bringen. Dann fasse ich sacht seine Handgelenke und bitte ihn, mir das Gewicht seiner Arme zu überlassen, so daß ich ihre Bewegung kontrollieren kann. Ich führe seine Hände durch die für drei Bälle erforderliche Bewegung, wobei ich den Rhythmus betone. Dann sage ich: »Wenn ich bis drei gezählt habe, möchte ich, daß Sie mir das Gewicht Ihrer Hände wieder abnehmen, und zwar so mühelos wie möglich. Das geschieht, indem Sie die Möglichkeit offenlassen, daß Ihre Hände fallen werden, wenn ich sie loslasse.« Falls der Schüler irgendeine überflüssige Korrektur in seiner Muskelspannung vornimmt, bevor ich bis drei gezählt habe, so bitte ich ihn, das wahrzunehmen, und wir beginnen von neuem. Der Schüler erforscht unbekanntes sensorisches Gebiet. Schließlich erkennt er, daß er viel weniger Energie verbraucht, um seine Arme hochzuhalten und einen Ball zu werfen, als er gedacht hatte.

Ich beende die Lektion, indem ich jeden einzelnen bitte, drei Bälle in der richtigen Reihenfolge hochzuwerfen und sie alle fallenzulassen.

Während der ganzen Lektion bitte ich die Schüler immer wieder, ihre Aufmerksamkeit auf den Gebrauch ihres Selbst und vor allem darauf zu richten, wie ihre Tätigkeiten sich auf ihre Atmung auswirken. Ich weise nachdrücklich darauf hin, daß die Kunst des Jonglierens, wenn die technischen Details erst einmal gelernt sind, darin besteht, Störungen des natürlichen Funktionierens zu vermeiden.

Oft kommt es vor, daß Schüler berichten: »Ich habe zwei Bälle geworfen, und plötzlich ›entstand‹ der richtige Rhythmus ganz von selbst.« Eine sechzigjährige Dame, die zum erstenmal mit drei Bällen jongliert hatte, sagte: »Ich habe gerade eben das Unmögliche vollbracht!«

Das größte Problem beim Jonglierunterricht ist die Angst des Schülers vor unbekanntem Territorium. Die Mehrzahl meiner Schüler beginnen mit der Vorstellung, daß sie nicht lernen können; vielleicht halten sie sich für zu wenig koordiniert oder zu alt. Und die wenigen, die mit einer positiveren Einstellung kommen, mühen sich meistens so sehr ab, daß sie sich selbst kaum eine Chance geben. Alle wollen es von Anfang an »richtig hinkriegen«. Das aber ist, von ein paar wirklich außergewöhnlichen Menschen abgesehen, nicht möglich. Um zu lernen, ist es erst einmal nötig, daß man Bälle fallen läßt. Aber die meisten Leute scheuen sich, die Bälle fallen zu lassen – aus Furcht, lächerlich zu wirken. Sie tun's – aber noch lächerlicher wirken sie bei der Bemühung, die Bälle zu fangen, bevor sie soweit sind. Aufmerksamkeit auf die »Mittel-wodurch« scheint diese Ängste auszuschalten und führt zu Ergebnissen. Indem ich meinen Kursen solche Prinzipien zugrunde lege, mache ich immer wieder die Erfahrung, daß bei genügender Ausdauer fast jeder mit wirklichem Vergnügen jonglieren lernt und auch darüber etwas lernt, wie man überhaupt lernt.

Der Autor beim Experimentieren

Einradfahren lernen

Das Einrad löst garantiert in jedermann die Angst vorm Fallen aus. Der Fahrer hält sich hoch über dem Boden in heiklem Gleichgewicht; er kann in dreihundertsechzig Richtungen fallen! Um richtig zu fahren, muß der Einradfahrer mit dem Gesäß fest auf dem Sattel bleiben, bei aufrechtem Oberkörper und geradeausgerichteten Augen. Einradfahren verlangt vom Fahrer, daß er sich nach »vorn und oben« ausrichtet; es fordert den Anti-Schwerkraftmechanismus geradezu heraus. Anfangs bewirkt ironischerweise die Angst vorm Fallen, daß man den Kopf nach hinten zieht, wodurch das Gleichgewicht gestört und ein Sturz unvermeidlich wird.

Als ich das erstemal ein Einrad zu besteigen suchte, fiel ich sofort herunter. Bald fand ich heraus, daß ich mich oben halten konnte, wenn ich mich gegen eine Wand lehnte und später, indem ich einen Besenstiel als Stütze verwandte. Versuchte ich jedoch ohne Stützhilfe zu fahren, so gewann im Handumdrehen wieder meine Angst vorm

Fallen die Oberhand. Meine Fähigkeit zur Inhibition konnte es nicht mit der überwältigenden Macht des Instinkts aufnehmen, und ich begriff, daß ich, um lernen zu können, erst meine Angst überwinden mußte.

Ich ging nun so vor, daß ich auf jeglichen Vorsatz, obenbleiben zu wollen, verzichtete; statt dessen übte ich mich im Herunterfallen und genoß es, überzeugt davon, daß ich mich nicht verletzen würde, solange ich unverkrampft blieb. Als ich sicher war, daß ich unbeschadet fallen konnte, begann ich wieder ans Obenbleiben zu denken, wobei ich mir klarmachte, daß ich außer der Angst selbst nichts zu fürchten hatte. Bald war ich imstande, kurze Strecken zu fahren, doch bemerkte ich, daß ich, immer wenn mein Gleichgewicht ins Schwanken geriet, dazu tendierte, meinen Kopf zurückzuziehen, mich vom Sattel zu heben und meine Beine zu verkrampfen.

Die vorausgegangenen Fallübungen ermöglichten mir, meine Fähigkeit zur Inhibition freizusetzen und anzuwenden. Indem ich meine gewohnte Reaktion unterließ, mein Gesäß nach unten und meinen Kopf nach vorn und oben ausrichtete, gelang es mir, Kontrolle über mein Einrad zu gewinnen. Wird dieser Zustand des »Denkens in Aktion« beibehalten, so erhält man das Gefühl, das Einrad sei eine Verlängerung des Rückgrats, wobei die Beine durch ein Rad ersetzt werden.

Dynamisch lesen lernen

Ich erlernte das Schnell-Lesen (Dynamisch Lesen) als Teilgebiet eines einwöchigen Kurses im Erwerb von Lerntechniken. Meine ursprüngliche Lesegeschwindigkeit lag über dem Klassendurchschnitt und betrug 320 Wörter pro Minute.

Wir begannen mit Eingewöhnungsübungen, bei denen Seiten zu überfliegen waren; zuerst eine Zeile auf einmal, dann eine Zeile vorwärts und eine Zeile rückwärts, zwei Zeilen auf einmal und so weiter. Die zunehmende Beschleunigung wurde durch ein Metronom gesteuert. Wir wurden aufgefordert, vorläufig auf Verständnis zu verzichten und uns auf die Geschwindigkeit zu konzentrieren, da das Gehirn, wenn neue und schnellere Lesemuster regelmäßig geübt werden, sie schließlich zu entziffern lernt. (Man halte einmal ein Buch verkehrt herum und versuche, es zu lesen – mit ein wenig Übung wird es möglich werden.) Unser Lehrer ermunterte uns, zu üben und Geduld zu haben, indem er uns versicherte, daß es uns schließlich gelingen würde, mit großer Geschwindigkeit zu lesen – eine Vorstellung, der die Mehrheit der Klasse Widerstand entgegensetzte. Fast alle schienen darin einig, daß Lesen ohne das Verstehen des Gelesenen ein merkwürdiges Gefühl erzeugte – ein Gefühl der Unsicherheit, das den Wunsch weckt, einzelne Wörter festzuhalten, statt den Augen zu gestatten, eine oder zwei Zeilen gleichzeitig zu überfliegen. Ein paar der Teilnehmer gerieten einigermaßen außer Fassung; und ich bezweifle, daß sie es noch weiter versucht hätten, hätten sie nicht eine ziemliche Summe Geldes für den Kurs bezahlt! Auch ich verspürte den Wunsch, Wörter festzuhalten; es war eine starke Gewohnheit, und auf die alteingeübte Weise zu lesen, erschien mir viel angenehmer. Indes, ich *wußte* durch meine Alexander-Erfahrung, daß Lernen einen Vorstoß ins Unbekannte bedeutet, und so war mir der Vorgang in gewisser Weise willkommen.

Ich machte drei Tage lang weiter, ohne irgend etwas zu verstehen. Am vierten Tag begann ich ein wenig zu verstehen, und am Ende der Woche las ich 1800 Wörter pro Minute, wobei ich eine Menge der Texte auch verstand. Jeder der Teilnehmer, von einer bemerkenswerten Ausnahme abgesehen, erfuhr eine ebensolche Verbesserung. Ein Unterschied zwischen meinen Mitschülern und mir bestand darin, daß ich nicht soviel Angst auszustehen hatte.

Die »bemerkenswerte Ausnahme« war ein Paradebeispiel für die verdummende Wirkung vorgefaßter und gewohnheitsmäßig fixierter Ideen. Die Ironie lag darin, daß dieser Mann selber Lerntechniken unterrichtete. Er hatte sich eine Menge theoretisches Wissen über das Lernen angeeignet und verbrachte die ganze Woche damit, gegen die Theorien zu argumentieren, auf denen die Methoden unseres Lehrers beruhten. Seine Einstellung spiegelte sich in seinem Körper wider, der so verkrampft und fixiert war, daß es fast wehtat, ihn anzuschauen. Ich nehme an, daß alle Theorie der Welt ihn nicht dazu gebracht hätte, es darauf ankommen zu lassen und einen Versuch zu wagen. Irgend etwas hatte die Lernfähigkeit dieses eigentlich sehr intelligenten Menschen verstümmelt.

Schreiben lernen

Während meiner ganzen Schul- und Universitätslaufbahn war für mich das Schreiben (von Aufsätzen, Semesterarbeiten und so weiter) ein äußerst qualvoller Prozeß. Das lag zum großen Teil daran, daß die Themen, über die ich zu schreiben hatte, im allgemeinen wenig mit meinen Erfahrungen und Interessen zu tun hatten. Aber auch wenn dies der Fall war, fand ich es schwierig. Ich konnte einfach die

Unbestimmtheit nicht ertragen, die eine Voraussetzung des Schreibens ist – mir schien, ich müsse ein fertiges Bild von dem, was ich schreiben wollte, vor mir haben, bevor ich den Stift aufs Papier setzte. War es mir geglückt, den Anfang zu finden, so verfiel ich in dem Augenblick, in dem ich auf ein Problem stieß, in Panik, warf meinen Federhalter hin und suchte nach Antworten außerhalb meiner selbst. Fast alles, was ich am College schrieb, kam dadurch zustande, daß ich Zitate in Anführungszeichen, durch »und« verbunden, aneinanderreihte. Gelegentlich brachte ich einen eigenen Gedanken darin unter, aber meistens stand ich viel zu sehr unter Druck, um wirklich über das, was ich da schrieb, nachzudenken.

Ironischerweise ist dieses Buch über das Lernen meine erste wirkliche Lernerfahrung, die ich im Zusammenhang mit dem Schreiben gemacht habe. Zu Anfang kamen mir arge Bedenken. Mir wurde bald klar, daß ich über diese Prinzipien nicht schreiben konnte, ohne sie auch aufs Schreiben anzuwenden. Wollte ich meine Aufrichtigkeit diesem Problem gegenüber wahren, so mußte ich selbst die »Mittelwodurch« beachten.

Wann immer ein Panikgefühl sich meldete (was oft genug geschah), hielt ich inne, um meine Aufmerksamkeit auf das ungestörte Funktionieren der Primärkontrolle zu richten. Wenn ich mich dann wieder dem Schreiben zuwandte, erschien das Problem meistens nicht mehr so schwierig. Ich bin viel bereitwilliger geworden, etwas zu schreiben, ohne sicher zu sein, das ganze Bild vor mir zu haben. Indem ich einfach niederschreibe, was mir gerade in den Sinn kommt, erlebe ich, wie ein Gedanke ganz natürlich zum nächsten führt und wie das Ganze sich aus sich selbst heraus entwickelt. Ich habe ja immer noch die Freiheit, Passagen zu streichen, und ich sehe allmählich, daß die Worte, wenn ich unverkrampft bleibe, zu fließen beginnen. Mehr und mehr gelingt es mir, mich wirklich für das zu interessieren, was ich schreibe.

Diese Erfahrung mit dem Schreiben hat es mir ermöglicht, einer ganzen Reihe von vorgefaßten Meinungen und Ideen in mir entgegenzutreten. Sie hat mein Verständnis für meine Arbeit vertieft und mir ganz neue Bereiche erschlossen. Leicht war es nicht, und manchmal wurde mir der Druck zuviel, aber im ganzen war es eine anregende und vergnügliche Reise ins Unbekannte.

Laufen lernen
Ich habe mich nie sehr für das Laufen begeistert. In der Schule war es ein umständlicher, doch notwendiger Teil des vorbereitenden Trainings für die verschiedenen, von mir ausgeübten Sportarten. Daß es aber Leute gab, die es tatsächlich genossen, konnte ich nie begreifen. Und auch die Horden von Joggern, die in den letzten Jahren – mit hochroten Gesichtern – durch unsere Parks und Straßen keuchen, trugen nicht eben dazu bei, meine Einstellung zu ändern.

Und doch fühlte ich, nachdem ich die Eleganz und Schönheit von Alberto Juantorena, Sebastian Coe, Steve Ovett und anderen großen Läufern miterlebt hatte, daß das Laufen mehr sein mußte als eine Methode, die Schweißabsonderung anzuregen und sich widerstandsfähig zu machen gegen den Schmerz.

So war es ein besonders glücklicher Umstand, daß Paul Collins einer meiner Lehrer für Alexander-Technik war. Collins lief für Kanada im Commonwealth-Marathon von 1950 und bei den Olympischen Spielen von 1952. Im Jahre 1979 lief er, an seinem dreiundfünfzigsten Geburtstag, 53 Meilen. Er organisierte wöchentliche Laufrunden für seine privaten Alexander-Schüler, -Studenten und -Freunde. Die Arbeit mit ihm änderte meine Einstellung zum Laufen wie auch meinen Laufstil vollständig. Ja, erst durch diese Arbeit lernte ich, daß es so etwas wie einen »Laufstil« überhaupt gibt.

Mein alter Stil war der des typischen Athleten: nach vorn geneigter Oberkörper, zurückgeworfener Kopf, rollende Schultern und überanstrengte Beine. Alle guten Läufer und Trainer wissen, daß die optimale Haltung beim Laufen die aufrechte Haltung ist. Collins sagte mir dies nicht nur, er vermittelte mir tatsächlich die Erfahrung. Er begann, mit mir zu arbeiten und meine Anti-Schwerkraftreflexe zu aktivieren, während ich stillstand. Als ich »aufwärts« zu gehen begann, setzte er mich in Bewegung und lief dann, seine Hand leicht auf meinem Nacken, neben mir her, wodurch er mir half, einer Störung der Primärkontrolle vorzubeugen. Das Resultat war fast unglaublich. Es war eine völlig neue Art des Laufens, bei der ich mühelos dahinschwebte. Meine Beine hatten viel weniger zu tun, um mich in Gang zu halten – sie schienen gar nicht da zu sein. Ich nahm die Umgebung, die im Laufen an mir vorbeiflog, intensiver wahr. Weitgehend von der Last meines Körpers befreit, hatte ich mehr freie Energie, mich am Vorübergleiten des Erdbodens und der Bäume zu erfreuen. Plötzlich verstand ich die Freude des Läufers. Wenn ich jetzt allein laufe, sind die Resultate nicht immer so überraschend wie bei dieser ursprünglichen Erfahrung, doch erlebe ich das Laufen als einen leichteren, müheloseren Vorgang – und das nicht nur im Hinblick auf den Körper.

Ich habe aus dem Studium der Alexander-Technik außerordentlichen Nutzen gezogen. Sie war mir die entscheidende Hilfe, wieder zu lernen, wie man lernt. Doch ist sie kein Allheilmittel oder »Fliegender Teppich«. Die Prinzipien der Technik sind einfach; ihre Anwendung ist es nicht immer. Selbst mit einem guten Lehrer scheint die Macht der Gewohnheit oft überwältigend groß. Die instinktive, unüberlegte Ausrichtung ist tief verwurzelt, zählebig und mächtig. Verglichen mit ihr ist die Dynamik der Technik so subtil, daß man sie leicht verfehlen kann.

Die Alexander-Technik erfordert ein echtes Vertrauen in die Vernunft, das oft schwer zu bewahren ist angesichts der Verwirrung, die mit einer persönlichen Veränderung unweigerlich einhergeht. Die von der Technik beabsichtigte Veränderung ist grundlegend. Sie setzt voraus, daß wir unsere allereigensten und bequemsten Gewohnheiten aufgeben und zunehmende Verantwortung für uns selbst übernehmen. Das ist nicht leicht. Wie Alexander einmal zu einem Schüler sagte: »Was dich so beunruhigt, ist, daß , wenn du tust, worum ich dich bitte, genau das bewirkt wird, was, wie ich dir sage, dadurch bewirkt wird«.

Die Alexander-Technik stellt eine ungeheure Herausforderung dar für diejenigen unter uns, die es gewohnt sind, Resultate zu erzielen, indem sie sich »mehr Mühe geben«. Außerdem werden Ideen wie »Innehalten« (Inhibition) und Beachtung der »Mittel-wodurch« leicht mißdeutet und falsch angewandt. Es gilt, die subtile Balance zu finden zwischen Ziel und Mittel, Kontrolle und Spontaneität, Tun und Nichttun. Dieses Gleichgewicht läßt sich auf die paradoxe Formel bringen, »Alle Anstrengungen aufgeben, aber niemals aufgeben!« die den Kern der Alexander-Technik umschreibt. Geduld und Ausdauer werden verlangt. Es ist kein rascher oder leichter Prozeß. Die Kunst des psychophysischen Gleichgewichts erfordert »eine Revolution im Denken und Handeln«, wie Dewey es nannte.

Erziehung zum richtigen Selbstgebrauch

Die Kindererziehung in Großbritannien und den Vereinigten Staaten hat sich im vorigen Jahrhundert durch das Zusammenwirken zweier wesentlicher Denkrichtungen entwickelt, der »traditionellen« und der »progressiven«. Das traditionelle Verfahren besteht darin, den Kindern eine gewisse Menge an Wissensstoff einzuprägen, der als für ihre intellektuelle Entwicklung wesentlich erachtet wird. Dieser Wissensstoff wird, um Deweys Ausdruck zu verwenden, »von außerhalb« in einer disziplinierten und sehr durchstrukturierten Weise dargeboten.

Die Lehrgegenstände sind nicht unbedingt aufeinander abgestimmt; auch wird kaum darauf geachtet, das Material mit der persönlichen Erfahrung der Schüler in Beziehung zu setzen. Das Kind wird dazu angehalten, den Wissensstoff aufzunehmen und in Prüfungen zu reproduzieren; wem dies nicht gelingt, der gilt als Versager.

Die Schwächen dieses Verfahrens werden immer deutlicher. Allein durch die Geschwindigkeit der technologischen und wissenschaftlichen Entwicklung wird eine Menge der in der Schule vermittelten Informationen innerhalb weniger Jahre belanglos oder geradezu falsch. Ein solch rascher Wandel und derartige Innovationen erfordern Menschen, die selbständig denken können und sich an wechselnde Gegebenheiten anzupassen vermögen. Die progressive Pädagogik, deren Prinzip die Erziehung »von innen heraus« ist, bemüht sich, dieser Notwendigkeit gerecht zu werden. Sie sieht die Aufgabe der Schule darin, eine freie und relativ unstrukturierte Umgebung zu schaffen, in der die Kinder ermutigt werden, selbst und *wo immer möglich durch unmittelbare Erfahrung* zu lernen. Das Gewicht wird mehr auf den Lernprozeß selbst als auf seine Resultate gelegt. Themen werden sinnvoll zu einem Gesamtbild zusammengeschlossen.

Das progressive Verfahren ist, wie Dewey betonte, viel schwieriger umzusetzen, als das traditionelle. Es ist weniger mechanistisch und erfordert viel mehr Anpassungsfähigkeit und Kreativität seitens der Lehrer. Dewey erkannte, daß die Diskrepanz zwischen progressiver Theorie und Praxis auf die Verwechslung von äußerer mit innerer Freiheit zurückzuführen war und daß zahlreiche Erneuerungsversuche daran gescheitert waren, daß Disziplin und Ordnung, die das frühere System durchgesetzt sehen wollte, nun gänzlich abgelehnt wurden. Er betonte, daß die Befreiung von Zwang und starren

Strukturen nur ein Anfang sei. Der progressive Lehrer muß einen Weg finden, in sich selbst wie in seinen Schülern die innere Freiheit zu entwickeln, die einen wesentlichen Teil seiner Arbeit ausmacht. Weil innere Freiheit ihren Ausdruck in Selbstdisziplin findet, entfällt damit die zwangsweise Verordnung von Ordnung und Disziplin.

Es ist eine ungeheuer vielseitige Aufgabe, diese Ideale in die Tat umzusetzen und würde eine grundlegende Veränderung unserer Gesellschaftsform erfordern. Dessenungeachtet hat der einzelne die Möglichkeit, das, was innere Freiheit bedeutet und ihre Bedeutung im Erzieherischen von Grund auf zu erforschen.

Die Alexander-Technik ist eine praktische Methode, die einen guten Einstieg in diesen Forschungsbereich ermöglicht. In der Tat haben einige Leute große Hoffnungen auf sie gesetzt. In seinem Artikel *Endgaining and Means Whereby* schreibt Huxley über Alexanders Werk:

> Wir sind jetzt in der Lage, einen völlig neuen Typus von Erziehung zu konzipieren, der den gesamten Bereich menschlicher Aktivitäten, vom physiologischen über den intellektuellen, sittlichen und praktischen bis hin zum spirituellen Bereich umfaßt – eine Erziehung, die, indem sie Kinder und Erwachsene den richtigen Gebrauch ihrer selbst lehrt, sie vor den meisten jener Krankheiten und schlechten Gewohnheiten bewahren würde, unter denen sie jetzt leiden; eine Erziehung, die durch das Training von Inhibition und bewußter Kontrolle Männern und Frauen die psychophysischen Mittel für rationales und sittliches Handeln an die Hand geben würde.[1]

Dieser neue Typus von Erziehung, den Huxley beschreibt, ist natürlich leichter zu entwerfen als in die Praxis umzusetzen. Immerhin hat es eine Reihe von Versuchen zur Verwirklichung dieser Ideale gegeben. Der erste dieser Versuche wurde unter Alexanders Leitung von Irene Tasker unternommen, die 1924 eine Schule eröffnete, um Alexanders Prinzipien auf die Verrichtungen im täglichen Leben anzuwenden. Dewey schrieb nach dem Besuch ihrer Schule:

> Ich habe das Gefühl, daß ich der Öffentlichkeit einen pädagogischen Dienst erweise, indem ich den großen, ja außerordentlichen Wert ihrer Arbeit bestätige. Miss Tasker ist eine erfahrene Lehrerin und hat eine natürliche Begabung im Umgang mit Kindern. Außerdem ist sie eine vollendete Meisterin in der Anwendung der Prinzipien, Methoden und Techniken von Mr. Alexanders Werk. Jedes ihrer Fürsorge anvertraute Kind kann sicher sein, in intellek-

tueller und moralischer wie auch körperlicher Hinsicht entscheidende Vervollkommung zu erfahren.[2]

Irene Tasker hatte ein besonderes Interesse an der Arbeit mit Kindern, da sie fand, daß Kinder relativ frei sind von verfestigten Gewohnheiten und, wie sie sagte, »weniger zu verlernen haben«. Viele ihrer Schüler litten unter irgendeinem Manko – wie Plattfüße, Hängeschultern, Sprachfehler, Konzentrationsschwäche oder geistiger Entwicklungsrückstand. Doch ganz gleich, worin das spezifische Problem bestand – immer erkannte Tasker, daß des Kindes allgemeiner »Gebrauch« in mehr oder minder starkem Maße fehlgeleitet war; und statt sich bei der Behinderung aufzuhalten, verwandte sie ihre Energie darauf, seinen Selbstgebrauch zu verbessern. Sie lehrte, nach ihren eigenen Worten, das Kind, »wie es die Fehlsteuerung seines Gebrauchs verhindern konnte« und half ihm, indem sie »eine Verbesserung im Funktionieren seiner Primärkontrolle bewirkte, zu einem besseren Gebrauch seiner selbst als Ganzheit bei all seinen Tätigkeiten zu gelangen«[3]. Sie ging in dieser Weise vor, da sie gefunden hatte, daß »während sich der Gebrauch des Kindes verbesserte, eine entsprechende Verbesserung in seinem allgemeinen Funktionieren und in der Qualität seiner Leistungen« festzustellen war, während seine spezifische Behinderung sich fortlaufend verringerte.

Obgleich Irene Tasker empfahl, Kindern mit besonderen Schwierigkeiten in Privatstunden nachzuhelfen, unterrichtete sie Kinder mit vergleichsweise gutem Erfolg in Gruppen. Eigentlich gab sie innerhalb der Klassen selten individuelle Unterweisung in der Technik; vielmehr konzentrierte sie sich darauf, den Schülern die Prinzipien des Innehaltens und der Ausrichtung durch Direktiven durch ihr eigenes Beispiel und in Gruppendiskussion und -praxis nahezubringen.

Ein spezifisches Beispiel für Irene Taskers Unterrichtsmethode illustriert ihr grundlegendes Verfahren. In einem Artikel in *The Alexander Journal* berichtet Joyce Warrack, daß die Kinder während der Vorbereitungen für eine Theateraufführung am Ende des Schuljahrs das ganze Schauspiel einstudierten, indem sie auf dem Rücken liegend die Ausrichtung durch Direktiven für guten »Gebrauch« übten. Dabei wurde besonderer Wert auf die Inhibition jeder unvermittelten Reaktion auf Geräusche oder Unterbrechungen gelegt. Diese Arbeit zog sich durch das ganze Halbjahr, wobei Probleme der dramatischen Interpretation und Ausdrucksgestaltung ausführlich erörtert wurden. Etwa zwei Wochen vor der Aufführung begannen die Kinder zu proben. Sie waren inzwischen ihrer Sache so sicher geworden, daß der Regisseurin praktisch nichts mehr zu tun blieb. Während einer Freilichtaufführung des *Sommernachtstraum* ereignete sich ein kleiner Zwischenfall, der kennzeichnend war:

> Ein Flugzeug zog geräuschvoll seine Kreise über dem Garten und übertönte die Stimmen der Darsteller völlig. Die kleine Titania blieb ganz ruhig und hielt, einen Finger auf den Lippen, die Situation für volle drei Minuten aus, bis der Störenfried fortgeflogen war – dann ging das Spiel weiter, als sei nichts geschehen.[4]

Warrack bringt noch ein weiteres Beispiel von Alexanders Prinzipien, diesmal in einer Singstunde. Tasker schärfte den Kindern ein, daß es in erster Linie eine *Zuhör*stunde sei. Dann begann sie eine einfache Melodie zu singen, während die Kinder Inhibition und Ausrichtung übten. Sodann bat sie die Kinder, nach vorn zu kommen und ihr die Melodie vorzusingen, sobald sie sich ganz sicher fühlten. Während der ersten beiden Stunden kam niemand. Während der dritten Stunde kam ein Kind nach vorn und sang die Melodie mühelos und bald folgten ihm mehrere andere. Es gab keine besonderen Belohnungen und die Kinder, die sich noch nicht zum Singen bereit fühlten, wurden nicht unter Druck gesetzt. »Am Ende des Halbjahrs sangen die Kinder vergnügt mehrere einstimmige Lieder in vollkommenem Einklang . . .«

Joyce Roberts, selbst eine treffliche Alexander-Lehrerin, schrieb nach dem Besuch in Taskers Klasse:

> Alexanders Technik wurde angewendet beim . . . Sitzen, Sprechen und Aufstehen, um irgendeine alltägliche Verrichtung auszuüben. Es gab Schüler aller Altersstufen von fünf Jahren an und viele unter ihnen waren auf irgendeine Weise ernstlich behindert; doch zeigten sie eine Konzentration, Selbstkontrolle und Aufmerksamkeit, die ehrfurchtgebietend waren. Jedes Kind war tatsächlich imstande, wenn es aufgerufen wurde, jene verheerende sofortige Reaktion auf den Reiz zu unterbinden, die »Mittel-wodurch« zu bedenken, zu warten, bis ihm völlig klar war, was von ihm verlangt wurde, um es dann in aller Gelassenheit geschehen zu lassen. Der Zuschauer durfte einen flüchtigen Blick werfen auf das, was der Mensch eigentlich vermag – die schlummernden Möglichkeiten, die nur darauf warten, geweckt und zur Entfaltung gebracht zu werden.[5]

Als ich Margaret Goldie, eine andere Pionierin der Alexander-Technik, in der Schule traf, wurden meine Eindrücke, die ich von Irene Taskers Arbeit gewonnen hatte, bestätigt und um weitere Eindrücke vermehrt. Goldie sprach mit der ruhigen, in vierzig Jahren

Alexander mit Schülern seiner Privatschule

Erfahrung gewonnenen Überzeugung von der Notwendigkeit, bei allen pädagogischen Überlegungen die psychophysische Unversehrtheit des Kindes zuerst zu berücksichtigen. Besonderen Nachdruck legte sie auf Alexanders Auffassung, daß »das Ziel, worauf sie (die Kinder) hinarbeiten, von untergeordneter Bedeutung ist im Vergleich zu der Art und Weise, in der sie den Gebrauch ihrer selbst für die Erreichung jenes Zieles steuern«. Sie wies darauf hin, daß das Kind, wenn dieses Prinzip befolgt würde, nicht nur glücklicher und ausgeglichener sein würde – auch seine schulischen Leistungen würden ein höheres Niveau erreichen.

Goldie führte zahlreiche Beispiele aus ihrer eigenen Unterrichtserfahrung an. Eins, das sich mir besonders eingeprägt hat, betraf einen neunjährigen Knaben und seine Reaktionen auf ein Lateinproblem. Goldie konnte an seiner Körperhaltung ablesen, daß er in Schwierigkeiten war. Der Junge erklärte, daß er mit der ihm gestellten Aufgabe nicht fertig würde. Ohne weiter auf die Aufgabe einzugehen, ermahnte sie ihn, sein eigenes Gleichgewicht und seinen inneren Zustand zu beachten. Als dann das Kind seine Ausgewogenheit wiedergewonnen hatte, war auch das Problem schnell gelöst. Goldie erwähnte noch weitere Beispiele desselben Prinzips, das auf alle Aspekte des Lehrplans angewandt wurde. Wie sie sagte, seien es dramatische Illustrationen der allgemeinen Effizienz der Alexander-Technik, wenn es darum gehe, daß Kinder ihr Potential zu nutzen lernen. Durch all dies wird nicht in Abrede gestellt, daß die einzelnen Lehrgegenstände gut unterrichtet werden müssen; es gibt keinen Ersatz für Sachverstand. Doch geht es darum, die Prioritäten richtig zu setzen. Indem man zuerst auf sich selbst achtet, kann, wie am Beispiel des Jungen mit dem Lateinproblem deutlich wurde, der Teufelskreis Fehlgebrauch-Scheitern-Fehlgebrauch-Scheitern an seinem Ursprung unterbrochen werden.

Ein Beispiel aus meiner eigenen Erfahrung mit Kindern mag diesen Punkt verdeutlichen. Ein achtjähriger Junge mit schlechter Koordination wurde zu mir geschickt. Obwohl sehr gescheit und musikalisch begabt, wurde er in der Schule fortwährend gehänselt, weil er bei Sport und Spiel nichts taugte und vor allem, weil er gänzlich außerstande war, einen Ball zu fangen. Ich brauchte nicht lange nach einer Erklärung zu suchen. Als ich ihm das erstemal bei dem Versuch, einen Ball zu fangen, zuschaute, sah ich ihn in ein ausgeprägtes Schreckmuster verfallen, indem er seinen Kopf zurückzog, die Augen schloß und mit den Armen wild in der Luft herumdrosch. Als Reaktion auf den

Spott über seinen Mangel an natürlicher Begabung hatte er nur noch mehr Angst bekommen. Mit zunehmender Angst verschlechterte sich sein Selbstgebrauch bei dieser speziellen Tätigkeit und damit auch seine Leistung. (Das ist der schon erwähnte circulus vitiosus von Fehlgebrauch-Scheitern-Fehlgebrauch-Scheitern usw.) Ich gab ihm zunächst ein bis zwei ziemlich konventionelle Lektionen und wechselte dann zu einem radikaleren Verfahren über. Ich stand ihm gegenüber am anderen Ende des Raums und bat ihn, stillzustehen und mich anzuschauen, während er seine Aufmerksamkeit auf die Empfindung seiner Füße auf dem Boden und das mühelose Gleichgewicht seines Kopfes auf dem Hals richten sollte. Als es ihm gelungen war, in ausgewogenem Gleichgewicht dazustehen, warf ich den Ball an ihm vorbei, nachdem ich ihn gebeten hatte, nicht darauf zu reagieren, sondern sein Gleichgewicht zu wahren. Anfangs fand er das sehr schwierig, und er warf den Kopf zurück, sobald der Ball meine Hände verließ. Da beschloß ich, mit ihm ein Spiel zu spielen, bei dem ich vor jedem Wurf bis drei zählen würde; bei drei würde ich entweder werfen oder nur so tun, als wolle ich werfen. Er zuckte oft zusammen, wenn ich nur zu werfen vorgab. So konnte er selber merken, wie er sich aufs Fangen einstellte, und er mußte sogar darüber lachen, als er sich dabei erwischen ließ. Bald war er imstande, ruhig stehenzubleiben, während der Ball an ihm vorbeiflog. Der nächste Schritt bestand für ihn darin, seine Hand aufzuhalten und den Ball von ihr abprallen zu lassen, ohne den Versuch, ihn zu fangen und ohne im geringsten zusammenzuzukken. Wir spielten auch mit dieser Übung das »eins-zwei-drei-Spiel«, das er ziemlich bald gemeistert hatte – zudem machte es ihm großen Spaß! Danach versuchte er, den Ball zu fangen, aber nur, wenn er in seiner Hand landete. In dieser Weise fuhren wir fort zu üben, und schließlich hatte er ganz gut gelernt, den Ball zu fangen. Danach übten wir mit dem gleichen Erfolg das Werfen und das Kicken.

Der Teufelskreis von Fehlgebrauch und Scheitern *kann* durchbrochen werden durch genaue Beobachtung des Vorgangs. Guter Selbstgebrauch führt Körper und Geist zu harmonischem Zusammenwirken. Das gilt sowohl für Aufgaben »geistiger« (die Lösung eines Lateinproblems) wie »körperlicher« Natur (einen Ball fangen). Die Koordination von Geist und Körper setzt die angeborene Lernfähigkeit des Kindes frei. Alexanders pädagogisches Verfahren zielt darauf ab, Ausgeglichenheit und Entscheidungsfreiheit zu entwickeln. Ein Kind, das über diese Eigenschaften verfügt, braucht in keinem Fach »schlecht« zu sein. Natürlich wird es immer einige Dinge besser tun können als andere; aber wenn ihm gezeigt wird, wie es bei all seinen Tätigkeiten die innere Freiheit bewahrt, so wird es mehr lernen und an allem, was es tut, mehr Freude haben.

Nun ist es relativ leicht, diese Prinzipien bei einem einzelnen Kind zur Anwendung zu bringen – verglichen mit der Herausforderung, die es bedeutet, diesen Regeln gemäß in der Schule zu arbeiten. Es hat nur einen Versuch gegeben, Alexanders Prinzipien in größerem Ausmaß auf das staatliche Schulsystem anzuwenden. In England führte in den späten sechziger und frühen siebziger Jahren Jack Fenton, ein ehemaliger Primar- und Sekundarschulleiter und Lektor für Gesundheits- und Leibeserziehung an einem Lehrerseminar ein ausgedehntes Studienprojekt durch, das über tausend Kinder einbezog. Die Lehrer erhielten einen illustrierten Fragebogen als Orientierungshilfe bei dem Versuch, das Niveau der kinästhetischen Wahrnehmung und die Bewegungsgewohnheiten ihrer Schüler festzustellen. Die Ergebnisse zeigten, daß der kinästhetische Sinn bei der Mehrzahl der Kinder unterentwickelt war und daß die meisten von ihnen schlechte Bewegungsgewohnheiten hatten, die mit der Zeit noch schlechter zu werden drohten.

Fenton versuchte, diesen Problemen in großem Umfang mit den Methoden der Alexander-Technik beizukommen. An einer Anzahl von Primar- und Sekundarschulen wurden Versuchsreihen mit einer Laufzeit von bis zu sechs Monaten durchgeführt. Man wollte damit »den Kindern die Faktoren bewußt machen, die für den Erwerb und die Beibehaltung eines guten Selbstgebrauchs entscheidend sind ... sie in situationsgerechter Körpermechanik unterweisen und ein Gruppenbewußtsein in bezug auf dieses Thema entwickeln, das sowohl vorbeugend wie umerziehend wirkt«[6].

Fenton arbeitete mit zwei qualifizierten Alexander-Lehrern zusammen. Jedes Projekt begann mit Seminaren für die Klassenlehrer, damit sich diese auf die Einführung der Technik in den Lehrplan vorbereiten konnten. In den meisten Fällen lernten die Kinder die Alexander-Technik durch Gruppenarbeit mit den Alexander-Lehrern während der Turnstunden und durch die Erörterung von Anatomie und Körpermechanik während der Biologiestunden kennen. Im weiteren Verlauf der Projekte wurde das Thema vom »guten« und »schlechten Gebrauch« im Kunst- und Schauspielunterricht erarbeitet. Die Kinder fertigten Zeichnungen von gut und mangelhaft ausgeführten Tätigkeiten an und schnitten entsprechende Beispiele aus Illustrierten aus. Sie wurden auch dazu ermutigt, gute und schlechte Bewegung zu »mimen«. Die große Mehrheit der angesprochenen Lehrer und Kinder hatten kaum irgendein Verständnis für gute Bewegung. Doch wurde den Kindern durch die Arbeit mit der Alexander-Technik zunehmend bewußt, daß sie tatsächlich eine Wahl hatten hinsichtlich der Art und Weise, wie sie mit sich selbst umgingen. Einige der Kinder waren, im Gegensatz zu ihren Lehrern, imstande, sich zu verbessern, nachdem sie einmal begriffen hatten, auf welche Weise sie ihr natürliches Funktionieren störten. Fenton fand auch heraus, daß sich die schulischen Leistungen der Kinder, die Alexander-Training erhielten, verbesserten, »zweifellos, weil sich ihre Fähigkeit zur Aufmerksamkeit verbessert hatte«. Auch jene Kinder, die wegen spezieller Behinderung – wie z. B. schwere Lordose und Stottern – Privatstunden erhielten, verbesserten sich.

Fentons Buch *Choice of Habit* wie auch sein Film *Better Use of the Body in Activity* enthalten eine Anzahl nützlicher Vorschläge für Lehrer, um die Entwicklung falscher Bewegungsgewohnheiten zu erkennen und zu verhüten. Fenton stellte auch eine Liste von Faktoren auf, die, wie auch die meisten Lehrer meinten, für die Bildung schlechter Gewohnheiten mitverantwortlich sind, unter anderem das Tragen schwerer Bücher und Schultaschen, lange Sitzperioden, ungeeignetes Mobiliar und Langeweile. Er verwies auf die schädlichen Auswirkungen zahlreicher Übungen, wie sie im Fach Leibeserziehung üblich sind, und darauf, wie wichtig es sei, Übungen vermeiden, die Druck auf die Wirbelsäule und die Gelenke ausüben oder auf andere Weise die Beweglichkeit einschränken und behindern. Besondere Kritik übte er am Trainieren mit Gewichten, Liegestütz und anderen Techniken des »Bodybuilding«.

Ich machte meine erste direkte Erfahrung mit der Anwendung der Alexander-Technik in Schulen durch meine Arbeit mit Jean Shepherd, einer qualifizierten Alexander-Lehrerin, die auf einer freiwilligen, informellen Basis mit Kindern an zwei verschiedenen Schulen arbeitete. Die erste Schule, die ich mit ihr besuchte, lag in einer vorstädtischen weißen Arbeitergegend in Essex. Der Schulleiter, der Privatstunden genommen hatte und von der Technik begeistert war, hatte dafür gesorgt, daß Jean an der Schule unterrichten konnte. Zur Zeit meines Besuchs hatte Jean schon mehrere Monate lang einmal wöchentlich mit einer Klasse von Achtjährigen gearbeitet. Sie unterrichtete in kleinen Gruppen während der Pausen, und Kinder mit besonderen Schwierigkeiten wurden individuell von ihr betreut. Ich assistierte Jean bei den kleinen Gruppen, in denen vor allem die

Entwicklung guten »Gebrauchs« bei Tätigkeiten wie Gehen, Lesen, Schreiben und Sitzen geübt wurde. Ich gab auch Jonglierunterricht in jeder der Gruppen und hielt einen Vortrag mit Demonstration für die ganze Schule.

Was mich am meisten beeindruckte, war die große Offenheit und Bereitschaft der Kinder für die Alexander-Technik. Sie sprachen viel besser darauf an als die meisten Erwachsenen; ganz offensichtlich waren ihre Gewohnheiten weniger verfestigt. Man hatte den Eindruck, daß die meisten von ihnen verstanden, was mit »Inhibition« gemeint war und daß sie sie auf ihre Tätigkeiten anzuwenden wußten. Sie schienen auch Spaß daran zu haben, mit der Technik zu arbeiten. Besonders frappierend war der Effekt von Jeans Arbeit an Kindern mit speziellen Problemen. Da war ein kleines Mädchen mit einer schweren Sprachbehinderung. Wenn sie zu sprechen versuchte, verbarg sie den Kopf an der Schulter und brachte praktisch unverständliche Laute hervor. Jean arbeitete zwanzig Minuten lang mit ihr, wobei sie immer wieder die »Mittel-wodurch« hervorhob. Am Ende der Lektion las das Kind lächelnd und voller Stolz ein kleines Gedicht, das im ganzen Raum zu hören war.

Die andere Schule, die ich besuchte, befand sich in einem armen Londoner Distrikt mit gemischtrassiger Bevölkerung. Die Abmachungen für den Unterricht waren die gleichen; die Voraussetzungen aber waren ganz anders. Die erste Schule war modern, gut ausgestattet und folgte dem Modell des »offenen Klassenzimmers«; diese hingegen war alt und überfüllt und folgte traditionellen Methoden. Jean arbeitete hier mit einer Klasse von Siebenjährigen. Sie beschäftigte sich mit jedem einzelnen Kind während des Vormittags und gab auch Kurzunterricht in Lesen und Anatomie. Die Klassenlehrerin war um Kooperation bemüht und korrigierte den Gebrauch der Kinder ebenso eifrig, wie ihre Grammatik und Rechtschreibung. Bauarbeiten vor dem Haus und Lärm aus anderen Klassenräumen schufen Arbeitsbedingungen, die alles andere als ideal waren. Doch Jeans Arbeit trug bald Früchte, und unsere Klasse wurde die ruhigste der ganzen Schule.

Im Herbst 1978 hatte ich Gelegenheit, an einem »Projekt zur Verringerung von Streß« teilzunehmen, das an drei Schulen in Redhill, Surrey durchgeführt wurde. Es stand unter der Schirmherrschaft der Surrey Back Pain Association und wurde von Susan Thame koordiniert, einer Alexander-Lehrerin mit Erfahrung in Pädagogik und Gewerbe, und ihrer Assistentin Sophia Gordon-Dean. Das Projekt wurde an zwei Grundschulen mit bis zu neun Jahre alten

Kindern und einer Mittelschule für Kinder zwischen neun und dreizehn Jahren durchgeführt. Thame hatte in dem Trimester vor Beginn des Projekts die Klassen bei der Arbeit beobachtet und Bekanntschaft mit den Lehrern gemacht. Das Projekt nahm offiziell seinen Anfang, als wir zu dritt in jede der drei Schulen gingen, um unsere Technik zu zeigen und Fragen der Lehrer zu beantworten. In den Demonstrationen wiesen wir darauf hin, daß es unser Hauptanliegen war, den Lehrern selbst eine Hilfsquelle zu erschließen; denn es schien wenig sinnvoll, Kindern die Prinzipien von gutem »Gebrauch« beibringen zu wollen, wenn ihnen nicht Lehrer, die diese Prinzipien verstanden, mit gutem Beispiel vorangingen, sie ermutigten und unterstützten.

Nach der einführenden Demonstration wurde jedem von uns eine Schule zugewiesen; meine war die Mittelschule. Ich besuchte jede Klasse und diskutierte anschließend mit dem Lehrer die besonderen Probleme der Kinder und Möglichkeiten der Zusammenarbeit, um diese Probleme zu bewältigen. Den Lehrern wurden auch Einzelstunden angeboten. Einige der Lehrer weigerten sich, Unterricht zu nehmen und waren nicht gewillt, irgend etwas für sich selbst zu tun. Sie bestanden darauf, daß es ihre Sache sei, die Kinder zu unterrichten, und daß sie keine andere Hilfe wollten als praktische Ratschläge, die sie unmittelbar in der Klasse umsetzen könnten. Besonders kraß zeigte sich diese Einstellung bei einem Lehrer, der mir, als ich in seine Klasse kam, eine maschinengeschriebene Liste von Streßproblemen in die Hand drückte und mich aufforderte, die Antworten darauf in den von ihm dafür vorgesehenen Raum einzutragen. Die Liste enthielt einige sehr konkrete Probleme: Stuhl- und Tischhöhen im Verhältnis zu den unterschiedlichen Körpergrößen der Kinder, überfüllte Klassen, Lärm, mangelhafte Belüftung, ungenügendes Licht und so weiter. Das dringlichste Problem jedoch fehlte in seiner Liste – sein eigener Zustand. Er war steif und verspannt, hatte einen verkrümmten Rücken und sprach und bewegte sich angestrengt. Er unterwies die Kinder durch sein eigenes Beispiel tagtäglich in schlechtem Gebrauch.

Ironischerweise waren jene Lehrer, die die Möglichkeit für Einzelunterricht wahrnahmen, diejenigen, die ihn am wenigsten nötig hatten. Der Schulleiter bestätigte dies, indem er erwähnte, daß nur seine besten Lehrer sich zu engagieren schienen. Dies war auch an den anderen Schulen der Fall.

Das Projekt entwickelte sich mit einem Kreis von Lehrern und Vorgesetzten an jeder der Schulen. Obwohl es sich noch im experimentellen Stadium befindet, ist mit Versuchen begonnen worden, den

Lehrern zu helfen, ihr Verständnis der Alexander-Technik weiterzuvermitteln. Die betreffenden Lehrer stimmen in zunehmendem Maße darin überein, daß sie ein intensiveres Training in der Alexander-Technik benötigen, wenn sie die Prinzipien verkörpern sollen, die sie zu unterrichten wünschen. Um diesem Wunsch zu entsprechen, ist Sue Thame zur Zeit damit beschäftigt, mit Unterstützung der Inner London Education Authority ein Weiterbildungsprogramm für Lehrer zu entwerfen.

Der pädagogische Ansatz der Alexander-Technik liegt darin, die Entwicklung der Selbstwahrnehmung und der Eigenverantwortung durch Beachtung der »Mittel-wodurch« zu fördern. Das derzeitige Erziehungssystem scheint dagegenzuarbeiten. Die Kinder werden eingeschult, wenn sie eben begonnen haben, ein unabhängiges Ich zu entwickeln. Der Übergang von der instinktiven Welt des Kleinkinds zum erwachenden Bewußtsein der Kindheit ist für die Entwicklung des Individuums entscheidend. Doch in der Schule werden sie enormem Druck ausgesetzt. Wir fordern von ihnen, daß sie stundenlang stillsitzen; wir legen Nachdruck auf Leistung in Lesen, Schreiben und Rechnen, ohne genügend darauf zu achten, wie die Kinder sich selbst »gebrauchen« bei diesen Tätigkeiten. Wir blicken auf genormte Resultate anstatt auf individuelle Erfolge. Auf diese Weise lehren wir sie, Zielstreber zu werden. Kein Wunder, daß intelligente und rundum ausgeglichene Fünfjährige sich so oft in verkrampfte und unkoordinierte Siebenjährige verwandeln. Ja, schon indem wir von den Kindern fordern, daß sie schreiben sollen, schaffen wir einen Reiz, der ihre Koordination verderben kann und das gewöhnlich auch tut. Schreiben ist eine komplexe Tätigkeit und anders als das Sprechen nicht instinktiv vorgegeben. Es muß bewußt gelernt werden. Wer kennt nicht das Bild eines über seinen Schreibtisch gekrümmten Kindes, das mit vorgeschobener Zunge die Finger um den Füller oder Stift geklammert hält! Eine der Lehrerinnen in dem Surrey-Projekt berichtete, daß sich die Schrift eines Kindes durch zwanzig Seiten seines Schreibblocks hindurchgedrückt hatte! Man stelle sich einmal den Druck und die Anspannung hinter jenem Schreibstift vor!

Ganz klar, etwas stimmt nicht. Wie können wir von unseren Kindern erwarten, daß sie richtig mit einem Instrument umgehen, wenn wir es versäumen, sie den Umgang mit sich selbst zu lehren? Und wie können wir sie lehren, sich selbst richtig zu »gebrauchen«, wenn wir selbst uns auf die alteingeübten Gewohnheiten verlassen?

Die traditionelle Pädagogik legte großen Wert auf Haltungstrai-

Hier geht die Bemühung um eine sorgfältige Handschrift auf Kosten der allgemeinen Ausgewogenheit.

ning. Die Lehrer wurden angewiesen, die Sitzweise ihrer Kinder zu korrigieren und ihnen zu zeigen, wie man den Federhalter hält. Dieses Training war sehr undifferenziert; doch ist, obgleich es gestrichen wurde, nichts an seine Stelle getreten. Die jüngeren Lehrer in Surrey waren sich dieses entscheidenden Mangels in ihrer Ausbildung deutlich bewußt, und auch die älteren mußten zugeben, daß ihre Ausbildung in dieser Hinsicht zu wünschen übrig ließ.

Meine Arbeit in den Schulen und mit ein paar engagierten Lehrern hat mir klar gezeigt, daß das derzeitige staatliche Erziehungssystem es versäumt, den Kindern in angemessener Weise zu helfen, sich aus einem Zustand instinktiver Steuerung zur Übung bewußter Kontrolle weiterzuentwickeln. Zugleich haben meine Erfahrungen dazu beigetragen, daß viele der inspirierenden Ideen jener frühen Lehrer der Alexander-Technik neue Bestätigung für mich gewannen. Nicht so sehr in der Umerziehung als vielmehr in der Verhütung von Fehlverhalten findet sie ihre sinnvollste Anwendung. Wie Dewey schreibt:

> Voraussetzung für die Entdeckung Alexanders und die Entwicklung seines Anwendungsverfahrens waren schlecht koordinierte Erwachsene. Aber die Methode ist in erster Linie nicht eine der Rehabilitation; es ist eine Methode konstruktiver Erziehung. Ihre

eigentliche Zielgruppe ist die Jugend, die heranwachsende Generation, um ihr so früh wie möglich im Leben ein Richtmaß zum Verständnis der Sinne und zur Selbsteinschätzung in die Hand zu geben. Ist erst einmal eine hinlängliche Anzahl von Menschen einer neuen Generation richtig koordiniert, so werden zum ersten Mal Männer und Frauen in Zukunft die Fähigkeit besitzen, in psychophysischer Ausgewogenheit auf eigenen Füßen zu stehen, um den Schicksalsschlägen und Zufällen ihrer Umwelt mit Gelassenheit und Fröhlichkeit anstatt mit Angst, Verwirrung und Ärger zu begegnen.[7]

Dewey und Alexander waren beide davon überzeugt, daß die Erziehung in erster Linie der Entwicklung individueller Verantwortlichkeit und der Befreiung von gedankenlosen Gewohnheiten zu gelten habe. Beiden war klar, daß Kinder, die nur über Faktenwissen verfügen, den Anforderungen des modernen Lebens nicht gewachsen sein können; dazu gehören Menschen, die es gelernt haben, über sich selbst zu verfügen.

Was kann ich selbst tun?

In jüngster Zeit sind einige Bücher veröffentlicht worden, die versuchen, eine »Do-it-yourself«-Methode zum Erlernen der Alexander-Technik vorzustellen. Eines behauptet, einen leichten Weg zum Erlernen der Technik zu zeigen; ein anderes enthüllt eine Reihe von »geheimen Alexander-Übungen«. Mit oder ohne Buch – es gibt keinen Weg, die Alexander-Technik durch »Tun« zu erlernen, weil es in ihr nicht um ein *Tun* geht, sondern um Verlernen und *Nichttun*.

Alexander selbst pflegte Ratsuchende, die sich brieflich ihn wandten, daran zu erinnern, daß neue Sinneserfahrungen nicht allein durch das geschriebene oder gesprochene Wort gewonnen werden können. Jeder Versuch, auf direktem Wege neuen »Gebrauch« zu entwickeln und sich einfach zu »berichtigen«, ist zum Scheitern verurteilt. Man kommt nicht umhin, dem prozeßorientierten Verfahren unter Beobachtung der »Mittel-wodurch« statt der gewohnten Zielstrebigkeit zu folgen; und das setzt eine Offenheit für das Ungewohnte, sowie die Bereitschaft voraus, sich gefühlsmäßig bedingter Urteile zu enthalten.

Obwohl man mit Hilfe eines Lehrers innerhalb einiger Wochen zu Lernergebnissen kommen kann, zu deren Erreichung Alexander Jahre benötigte, dürfte wohl jeder Versuch, Alexanders Prinzipien und Verfahren *ohne* Anleitung zu praktizieren, sehr schnell zu heilsamer Bescheidenheit führen. Doch kann man die Selbstwahrnehmung steigern und das Verständnis für den rechten Gebrauch seiner selbst vertiefen, indem man die Kunst der Selbstbeobachtung übt.

Sie können gleich jetzt damit beginnen, indem Sie sich klarmachen, was Sie tun, während Sie dieses Buch lesen. Können Sie unnötige Verspannungen aufspüren in Ihren Fingern oder Händen, in Armen, Schultern, Nacken, Bauch, Hüften, Gesicht oder Augen? Ist die Ausrichtung Ihres Körpers ausgewogen? Fragen wie diese sind nicht leicht zu beantworten wegen der verzerrenden Auswirkungen, die die unzuverlässige Einschätzung der Sinneswahrnehmung mit sich bringt. Um ein deutlicheres Gespür dafür zu bekommen, wie wir uns selbst »gebrauchen«, ist es gut, objektive Bezugspunkte zu haben. Einen davon liefert natürlich der Spiegel.

Um vom Spiegel oder irgendeiner anderen Form von Feedback wirklich zu profitieren, müssen wir darauf verzichten, Werturteile zu fällen. Die Gewohnheit, alles und jedes als gut oder schlecht, richtig oder falsch, anziehend oder abstoßend zu etikettieren, hängt mit einem tiefsitzenden falschen Muster von Spannung und Fehlgebrauch zusammen. Wir können beginnen, uns von diesem Muster zu lösen, indem wir einfach schauen und akzeptieren, was *ist*: Das ist der erste Schritt zu wirklicher Veränderung.

Stellen Sie sich vor einen Spiegel und betrachten Sie sich einfach für ein paar Minuten. Zupfen Sie nicht Ihr Hemd zurecht, fahren Sie sich nicht übers Haar – schauen Sie einfach. Können Sie sagen, nach welcher Seite Ihr Kopf sich neigt? Ist die eine Schulter höher als die andere? Wenn Sie aufmerksam schauen, werden Sie wahrscheinlich sehen können, daß die eine Schulter tatsächlich höher und verspannter ist als die andere und daß der Kopf ganz leicht von der niedrigeren Schulter fortgedreht ist. Vielleicht würden Sie gern korrigieren, was Sie sehen, indem Sie Ihren Kopf gerade halten und die höhere Schulter fallen lassen. Jeder derartige Versuch wird jedoch zu einer kompensatorischen Fehlanpassung führen, in der das eine Verspannungsmuster durch ein anderes ersetzt wird. Integration ergibt sich nicht aus Handlungen, die unmittelbar und spezifisch sind, sondern aus einem indirekten Vorgehen, dem es stets um das Gleichgewicht des Ganzen zu tun ist.

Indem Sie nun die beiden Seiten Ihres Körpers miteinander vergleichen, können Sie damit beginnen, die Auswirkungen gewohnheitsmäßigen Gebrauchs auf die Struktur zu beobachten. Die dominierende Seite – gewöhnlich die rechte, wie auch die meisten Menschen Rechtshänder sind – ist meist etwas besser entwickelt, und der Rumpf dreht sich oft gegen die minder entwickelte Seite. Beobachten Sie, wie sich die verschiedenen Teile ihres Körpers zueinander verhalten. Bei den meisten Menschen sind Kopf, Brustkorb und Becken nicht in senkrecht symmetrischer Übereinstimmung, und der Körper als Ganzes scheint entweder von der Schwerkraft abwärts gezogen zu werden oder sich im Widerstand gegen sie zu versteifen.

Ich habe das ganze Buch hindurch die Schlüsselrolle betont, die Kopf und Nacken bei der Integration aller Körperteile spielen. Der erste Schritt in Richtung auf ein praktisches Verständnis dieser Rolle besteht darin, herauszufinden, wo eigentlich Ihr Kopf auf dem Hals im Gleichgewicht ist. Zeigen Sie mit den Spitzen der Zeigefinger auf die Stelle, wo Ihrer Meinung nach Ihr Kopf auf der Wirbelsäule ruht. Viele Leute placieren ihre Finger viel zu tief; der Balancepunkt befindet sich genau hinter den Ohren.

Eine andere wichtige Körperzone, in der sich die wenigsten auskennen, sind die Hüftgelenke. Beugen Sie sich hinab und heben Sie etwas vom Boden auf. Dann legen Sie Ihre Zeigefinger auf diejenige Stelle, von der aus Sie den Rumpf beugen. Die meisten Leute legen ihre Finger auf die oberste Spitze des Beckengürtels anstatt auf das eigentliche Hüftgelenk. Tatsächlich liegen die Hüftgelenke viel tiefer, als meistens angenommen wird. Die übliche Gewohnheit, sich von der Taille abwärts zu beugen, zerstört die Ganzheit des Rückgrats und schwächt unseren kinästhetischen Sinn.

Für den guten »Gebrauch« ist es entscheidend, zu verstehen, wie alle Gelenke funktionieren. Unsere Gelenke ermöglichen nicht nur unsere Bewegungen, sie sind auch Zentren unseres kinästhetischen Feedbacksystems. Wird ein Gelenk falsch gebraucht, so wird die kinästhetische Information, die das Gehirn von ihm empfängt, verzerrt, was dann zu weiterem Fehlgebrauch führt. Tatsache ist, daß wir im allgemeinen nicht wissen, wo sich die wichtigsten Gelenke des Körpers befinden; und dementsprechend mißbrauchen wir uns selbst.

Noch immer vor dem Spiegel fahren Sie fort, die genaue Stellung der Gelenke und ihr volles Bewegungsspektrum zu erforschen, daran denkend, daß sie stets als Teil eines ganzen Systems funktionieren. Vielleicht hilft es Ihnen, einen einfachen Anatomietext zu Rate zu ziehen oder sogar ein Modellskelett. Praktische Kenntnisse in grundlegender Anatomie und Körpermechanik werden Ihnen zugute kommen und Ihnen genauere Beobachtungen erlauben hinsichtlich der Art und Weise, wie Sie mit sich umgehen; auch werden sie Ihnen Hinweise geben auf das, was zu vermeiden ist.

Wertvolle Informationen über uns selbst liefern uns auch die Flächen, mit denen wir in Berührung kommen. Man kann sich selbst beobachten, indem man all die Kontaktpunkte des Körpers mit den von ihnen berührten Oberflächen – dem Stuhl, dem Fußboden und so weiter – wahrnimmt. Sie können Informationen nicht nur über diese Dinge, sondern auch über sich selbst erhalten. Versuchen Sie einmal, bäuchlings auf dem Boden zu liegen (nicht auf dem Bett; die Oberfläche muß hart sein, wenn Sie ein exaktes Feedback erhalten wollen), die Arme liegen neben dem Körper und die Handflächen zeigen nach oben. Nun drehen Sie ihren Kopf zur Seite und ruhen einfach aus. Geben Sie sich ruhig der Empfindung von Sicherheit hin, die diese Position vermittelt, und nehmen Sie sie ganz bewußt wahr. Sie können nicht fallen; der Körper wird vollkommen unterstützt, und Sie können sich von all den Spannungen lösen, die Ihnen normalerweise unumgänglich erscheinen, um sich aufrecht zu halten. Wenn Sie so für mehrere Minuten verweilen, werden Sie allmählich feine Veränderungen und Verschiebungen des Spannungsmusters in Ihrem Körper feststellen können. Gewohnheitsmäßig verspannte Muskeln lösen sich; und Sie werden einen zunehmenden Kontakt mit dem Boden spüren. Und nun vergleichen Sie einmal das, was Ihnen der Spiegel über Ihre zwei Körperhälften mitteilte, mit dem, was Ihnen der Fußboden erzählt.

Ausgestreckt auf dem Boden zu liegen ist nur eine von zahlreichen Methoden, um einen Zustand der Entspannung herbeizuführen. Das Problem mit dieser und anderen Methoden aber zeigt sich, wenn wir uns zu bewegen beginnen und unsere gewohnheitsmäßigen Spannungen sich erneut bemerkbar machen. Was wir benötigen, ist die Möglichkeit, auch in der Aktion entspannt zu bleiben.

Nachdem Sie einen gewissen Grad der Entspannung erreicht haben, müssen Sie nun daran denken, wieder aufzustehen. Bitte beachten Sie, wie Sie den Übergang vom Gedanken an die Bewegung zur Bewegung selbst vollziehen. Können Sie beim ersten Gedanken an die Bewegung ein vorbereitendes Spannungsmuster entdecken? Die meisten Menschen spannen Hals, Schultern, Kreuz und Kniesehnen an, sobald ihnen der Gedanke kommt, eine Bewegung zu vollführen. Nehmen Sie zuerst eine Kriechstellung ein. Nun warten Sie einen Moment. Und jetzt begeben Sie sich in eine aufrechte Position.

Herzlichen Glückwunsch! Sie haben soeben einen Prozeß nachvollzogen, der Millionen Jahre der Entwicklung brauchte, um zum Abschluß zu kommen. Die gänzlich aufrechte Position ist viel weniger stabil als irgendeine Stellung von Vierfüßern. Sie ermöglicht leichte, mühelose Bewegungen, kann aber, wenn sie nicht richtig funktioniert, enorme Unsicherheit verursachen. Leider bringen wir im allgemeinen unser Gleichgewicht chronisch durcheinander in unserem krampfhaften Bemühen, uns selbst aufrecht zu halten.

Dieses übertriebene Bemühen ist äußerst schwierig festzustellen, da es unterhalb der Bewußtseinsschwelle stattfindet und unsere Einschätzung der Sinneswahrnehmung beeinträchtigt. Doch ist es möglich, das Spiel des Gleichgewichts genauer wahrzunehmen. Stellen Sie sich wieder vor den Spiegel, und verteilen Sie ihr Gewicht gleichmäßig auf beide Füße. Die Schuhe ziehen Sie aus, um so viel Feedback wie möglich vom Fußboden zu erhalten. Wenn Sie für drei oder vier Minuten »stillstehen«, werden Sie beginnen, die feinen Verschiebungen und Veränderungen, die da stattfinden, wahrzunehmen. (Denken

Sie einmal darüber nach, wie selten Sie mit gleichmäßig verteiltem Gewicht auf beiden Füßen stehen. Selten sieht man jemanden, der nicht fortwährend sein Gewicht von einem Bein auf das andere verlagert oder sich irgendwo anlehnt, um aufrecht zu bleiben.) Sie werden eine deutlichere Erfahrung Ihres Gleichgewichts in Aktion gewinnen, wenn Sie ein Bein vom Boden heben. Jetzt, immer noch auf einem Bein stehend, schließen Sie die Augen. Falls Sie das Gleichgewicht verlieren, achten Sie darauf, was geschieht – die meisten Menschen ziehen den Kopf zurück und verspannen sich.

Falls Sie diese Gleichgewichtsfrage noch weiter erforschen möchten, sollten Sie sich einen ca. 10 cm breiten Balken oder, falls vorhanden, einen Balancierbalken besorgen und darauf zu gehen üben, zunächst mit offenen und später mit geschlossenen Augen. Wenn Sie das gemeistert haben, können Sie es mit dem Hochseil oder dem Einrad versuchen.

Die Qualität Ihrer Stimme und Atmung ist ein anderer nützlicher Bezugspunkt bei der Selbstbeobachtung. Beginnen Sie, diese Seite von oben her laut zu lesen und lauschen Sie auf den Klang Ihrer Stimme. Nachdem Sie ein paar Abschnitte gelesen haben, ziehen Sie absichtlich den Kopf nach hinten und beachten nun die Veränderung der Stimmqualität. Das ist eine recht derbe aber effektvolle Methode, um die Wirkung des »Gebrauchs« auf das Funktionieren zu beobachten. Will man dieses Verhältnis weiter erforschen, so ist es nützlich, einen Vergleichsmaßstab zu haben. Nehmen Sie eine Zeile eines Gedichts oder, noch einfacher, einen geflüsterten Vokallaut wie »ahhh«, und sprechen Sie ihn sich gelegentlich vor, während Sie irgendeiner Ihrer täglichen Beschäftigungen nachgehen. Lauschen Sie auf die Qualität des Tons und achten Sie darauf, ob er gleichmäßig fließt oder zwischendurch aussetzt. Die Art und Weise, wie Sie mit sich selbst umgehen, wird den Grad an Leichtigkeit bestimmen, mit welcher der Ton fließt.

Wenn Sie Ihre Atmung studieren, so denken Sie bitte daran, daß Sie das in der Absicht tun, die Wirkungen des »Gebrauchs« aufs Funktionieren besser wahrzunehmen. Versuchen Sie niemals, Ihre Atmung direkt zu ändern oder zu verbessern. Die Atmung ist eine natürliche Funktion wie der Kreislauf und die Verdauung; und die einzige Möglichkeit, sie zu verbessern, besteht darin, im gesamten Organismus die geeigneten Voraussetzungen zu schaffen, indem man störende Spannungsmuster im Körper abbaut. Drücken Sie einmal für zwanzig Sekunden Ihre Knie nach hinten durch und beobachten Sie die Auswirkungen auf Zwerchfell und Atmung! Das mag Ihnen eine Vorstellung davon vermitteln, wie diese Muster funktionieren.

Nun, eingedenk all des oben Gesagten, stehen Sie ruhig da und beobachten Sie Ihre Atmung. Folgen Sie dem Einströmen der Luft durch die Nasenflügel und dann dem Ausströmen. Versuchen Sie nicht, in irgendeiner Weise Einfluß darauf zu nehmen; lauschen Sie einfach so distanziert wie möglich. Beachten Sie nun, was Sie mit Ihrem Hals tun, mit Ihren Schultern, Ihrem Brustkorb, mit dem Becken und den Knien, während Sie atmen. Beachten Sie, wie sich der Rhythmus verändert, wenn Sie anfangen, sich zu bewegen. Beobachten Sie Ihre Atmung bei verschiedenen Tätigkeiten, z. B. wenn Sie etwas vom Boden aufheben, sprechen, laufen oder jemandem vorgestellt werden. Achten Sie vor allem auf Dinge, die Sie dazu veranlassen, den Atem anzuhalten.

Auch die Beobachtung anderer kann Ihnen bei Ihren Studien wichtige Aufschlüsse vermitteln. Wenn Sie beobachten, *ohne zu kritisieren*, können Sie sehr viel lernen. Beobachten Sie Menschen in alltäglichen Situationen: auf der Straße, zu Hause, im Büro. Wie gehen sie mit sich selbst um? Lassen sie einen aufwärts gerichteten Energiefluß erkennen oder erscheinen sie wie von der Schwerkraft abwärts gezogen? Beobachten Sie den »Gebrauch« ihrer Gelenke, wobei Sie vor allem darauf achten sollten, wie der Kopf gehalten wird. Versuchen Sie, ein Gespür für die Verteilung der Spannung im Körper zu entwickeln, indem Sie wahrnehmen, welche Körperpartien steif und welche locker sind. Betrachten Sie Zahnärzte, Sekretärinnen, Zimmerleute, Musiker – können Sie erkennen, wie ihr Körper durch ihre berufliche Tätigkeit geformt wurde? Betrachten Sie Menschen, die Ihnen als Musterbeispiele von Anmut und Ausgewogenheit erscheinen – vielleicht ein beliebter Unterhaltungskünstler oder ein Sportler. Finden Sie heraus, was diese Menschen *nicht* mit sich anstellen. Und betrachten Sie Ihre Eltern. Ist Ihr Haltungs- und Bewegungsmuster demjenigen Ihrer Eltern ähnlich? Und gleicht dasjenige Ihrer Kinder dem Ihren?

Wichtigster Gegenstand Ihrer forschenden Betrachtungen aber ist die Art und Weise Ihres Reagierens! Viele von uns leiden unter dem Gefühl nervöser Reizbarkeit. Das ist in Wirklichkeit eine gewohnheitsmäßige Überreaktion auf unsere Umwelt. Eine Möglichkeit, hier einen tieferen Einblick zu gewinnen, besteht darin, mit Gewohnheitsmustern des Reagierens auf einen vertrauten Reiz wie z. B. die Türglocke oder das Telefon zu experimentieren. Vielleicht ist Ihnen aufgefallen, daß Sie bei diesen Geräuschen »zusammenfahren« und »losstürzen«. Versuchen Sie doch beim nächsten Mal, ob Sie für nur zwei Sekunden warten können, bevor Sie nach dem Hörer greifen oder aufstehen, um die Tür zu öffnen. Denken Sie jedoch daran, daß Warten nicht bedeutet, Ihre Atmung zu unterbrechen oder sich zu verspannen, bevor Sie sich in Bewegung setzen. Versuchen Sie, vollkommen still zu bleiben, doch ohne sich in irgendeiner Weise zu fixieren. Haben Sie dies eine Zeitlang geübt, so können Sie es auch versuchen, wenn jemand Sie etwas fragt oder Sie beim Namen ruft.

Die meisten dieser Aufmerksamkeitsübungen erweisen sich als äußerst schwierig, denn wir verlassen uns so oft auf unsere Gewohnheiten, um unsere Gewohnheiten zu studieren. Und wirklich liegt der größte Wert der Übungen darin, uns der fatalen Macht der Gewohnheit deutlicher bewußt zu werden.

Aber warum, so mögen Sie fragen, soll man sich überhaupt Sorgen wegen dieser alltäglichen Gewohnheiten machen? Die meisten von uns kommen Tag für Tag über die Runden, ohne sie weiter zu beachten, und wir alle haben Probleme, die so viel dringender zu sein scheinen als das Problem der Art und Weise, wie wir uns selbst »gebrauchen«. Hierauf möchte ich erwidern, daß nicht so sehr die großen Ereignisse – unsere traumatischen Erfahrungen und unsere Ekstasen – das wirklich Entscheidende sind. Vielmehr ist es die Art und Weise, wie wir täglich mit uns selbst umgehen, die unsere Lebensqualität bestimmt.

Anmerkungen

Einleitung

1. Frank Jones, »Method for Changing Stereotyped Response Patterns by the Inhibition of Certain Postural Sets«, in: *Psychological Review*, 3 (Mai 1965)
2. Frank Jones, *Body Awareness in Action: A Study of the Alexander Technique*, New York 1976, S. 2
3. Leo Stein, in: Frank Jones, *Body Awareness in Action*, S. 48
4. John Dewey, in: F. M. Alexander, *Constructive Conscious Control of the Individual*, London 1955, S. XXVII–XXVIII
5. John Dewey, in: F. M. Alexander, *The Use of the Self*, London 1945, S. XVIII
6. John Dewey, in: F. M. Alexander, *Contructive Conscious Control of the Individual*, S. XXVII
7. Nikolaas Tinbergen, »Ethology and Stress Diseases«, in: *Sience*, 185:4145 (1974), S. 28

I. Alexander – der Mann und seine Entdeckung

1. Alexander, *The Use of the Self, S. 10*
2. Ebd. S. 10
3. Ebd. S. 14

II. Die praktischen Grundbegriffe

Gebrauch und Funktion

1. Walter Carrington, »The F. Matthias Alexander Technique: a Means for Unterstanding Man«, in: *Systematics*, 1, Dez. 1963, S. 235
2. F. M. Alexander, *The Universal Constant in Living*, New York 1941, S. 8
3. Herbert Spencer, in: F. M. Alexander, *Man's Supreme Inheritance,* London 1946, S. 194
4. Wilfred Barlow, *The Alexander Principle, London* 1975, S. 103 (hier zitiert aus der dt. Ausg.: *Die Alexander-Technik*, München ^{2}1984, S. 130)
5. Jones, *Body Awareness in Action*, S. 14
6. Ebd. S. 97
7. John Dewey, *Human Nature and Conduct*, New York 1930, S. 31

Die ganze Person
1. John Dewey, »Preoccupation with the Disconnected«, in: *Alexander Journal*, 3 (Frühj. 1964), S. 11

Primärkontrolle
1. Sir Charles Sherrington, *The Endeavour of Jean Fernel*, Cambridge University Press 1946, S. 89
2. Raymond Dart, »The Attainment of Poise«, in: *South African Medical Journal*, 21 (Feb. 1947), S. 74–91
3. Walter Carrington, »Balance as a Function of Intelligence«, in: *Systematics*, 7 (März 1970), S. 8
4. Sherrington, *The Endeavour of Jean Fernel,* S. 89
5. John Dewey, in: Alexander, *The Use of the Self*, S. XXI
6. Rudolf Magnus, in: Carrington, »The F. Matthias Alexander Technique: a Means for Understanding Man«, S. 243
7. Frank Jones, »The Organisation of Awareness« (Vortrag anläßlich einer Konferenz über *Koordination in der Musik* an der Michigan State University, Mai 1967, S. 9)

Unzuverlässige Einschätzung der Sinneswahrnehmung
1. Tinbergen, »Ethology and Stress Diseases«, S. 28
2. John Dewey, in: Alexander, *Contructive Conscious Control of the Individual*, S. XXI

Inhibition – Innehalten
1. Sir Charles Sherrington, *The Integrative Action of the Nervous System*, Cambridge University Press, 1952, S. 196
2. Sir Charles Sherrington, in: Frank Jones, »A Mechanism for Change« in: *Collected Papers of Frank Jones*, Boston 1975, S. 185
3. Jones, »Changing Stereotyped Response Patterns«, in: *Collected Papers*, S. 27
4. Alexander, *Man's Supreme Inheritance*, S. 21
5. F. M. Alexander, »Teaching Aphorisms«, in: *Alexander Journal*, 7 (Frühj. 1972), S. 43

Ausrichtung durch Direktiven
1. D'Arcy Thompson, in: Jones, *Body Awareness in Action,* S. 139
2. John Basmajian, »Conscious Control of Single Nerve Cells, in: *New Scientist*, 369 (Dez. 1963), S. 663

Ziele und Mittel
1. F. M. Alexander, in: Jones, *Body Awareness in Action*, S. 165
2. Dewey, *Human Nature and Conduct*, S. 28–30
3. Ebd. S. 30–37

4. Aldous Huxley, »Endgaining and Means Whereby«, in: *Alexander Journal*, 4 (Frühj. 1965), S. 19
5. Eugen Herrigel, *Zen in der Kunst des Bogenschießens*, München, Bern, 1985, S. 60
6. D. T. Suzuki, in: Herrigel, *Zen in der Kunst des Bogenschießens,* S. 9

III. Lernen, wie man lernt

Möglichkeiten ausschöpfen

1. John Holt, *How Children Fail*, Hardmondsworth 1974, S. 165
2. Ebd. S. 165
3. Alexander, »Teaching Aphorisms«, S. 43

Erziehung zum richtigen Selbstgebrauch

1. Huxley, »Endgaining and Means Whereby«, S. 23
2. John Dewey, in: Wilfred Barlow, »Editorial«, in: *Alexander Journal*, 6 (Sommer 1968), S. 1
3. Irene Tasker, »An Unrecognised Need in Education«, in: *Alexander Journal*, 6 (Sommer 1968), s. 9
4. Joyce Warrack, »Irene Tasker on Education Without Endgaining«, in: *Alexander Journal*, 2 (Sommer 1963), S. 21
5. Joyce Roberts, »Tribute to Miss Tasker«, in: *Alexander Journal*, 6 (Sommer 1968), S. 4
6. Jack Fenton, *Choice of Habit*, London 1973, S. 11–30
7. John Dewey, in: Alexander, *Constructive Conscious Control of the Individual*, S. XXVIII

Literatur

I. Die Alexander-Technik

F. M. Alexander: *Die Grundlagen der F. M. Alexander-Technik* (herausgegeben und zusammengestellt von Edward Maisel), Arbor Verlag Ulrich Valentin, Heidelberg, 1985
Diese Anthologie, in der Alexanders wichtigste Schriften zusammen mit einer kritischen Einführung des Herausgebers enthalten sind, ist insofern besonders wertvoll, als sie die drei Einleitungen von John Dewey zu Alexanders Büchern enthält.

F. M. Alexander: *Constructive Conscious Control of the Individual*, Methuen, London 1923
Alexanders zweites Buch, in dem er die Begriffe des »Zielstrebens« (endgaining) und »Einschätzung der Sinneswahrnehmung« (sensory appreciation) einführt. Es enthält auch eine detaillierte Beschreibung der in einer typischen Lektion angewandten Verfahren.

F. M. Alexander: *Man's Supreme Inheritance*, Dutton, New York, 1910
Alexanders erstes Buch, das bei seinem Erscheinen viel gelesen und gelobt wurde. Hauptthema ist »die bedeutende Phase in der Evolution des Menschen, in deren Verlauf er den Schritt von der unbewußten zur bewußten Kontrolle von Geist und Körper vollzieht«.

F. M. Alexander: *The Use of the Self*, Dutton, New York, 1932 (deutsch: *Der Gebrauch des Selbst*, München 1988).
Ein kürzeres Werk, das im wesentlichen den Bericht über die Entdeckung des Autors enthält und in dem die Begriffe »Gebrauch« und »Primärkontrolle« eingeführt werden. Es ist in seiner konsequenten und direkten Art Alexanders bestes Buch.

F. M. Alexander: *The Universal Constant in Living*, Dutton, New York, 1941
Alexanders letztes Buch, ein Potpourri von Artikeln und Aufsätzen zur weiteren Erkundung seines Begriffs vom »Gebrauch«.

F. M. Alexander: *Unveröffentlichtes autobiographisches Fragment*, London, 1947

J. Armstrong: *Effects of the Alexander Principle in Dealing with Stress in Musical Performance*, Magisterarbeit, Tufts University, Mai 1975

W. Barlow (Hrsg.): *The Alexander Journal*, Nr. 1–6

W. Barlow: *Die Alexander-Technik*, Kösel Verlag, München, 1983, [2] 1984
Die Kapitel über »Gebrauch und Krankheit« und »Die medizinische Diagnose« sind die wichtigsten Beiträge dieses Buches.

G. C. Bowden: *F. Matthias Alexander and the Creative Advance of the Individual*, L. N. Fowler, London, 1965
Dieses Buch, in dem der Autor seiner Phantasie freien Lauf läßt, enthält zwei gute Passagen: eine kurze Erörterung, in der die Alexander-Erfahrung

in Bezug mit Zen in der Kunst des Bogenschießens gesetzt wird, und den Anhang, welcher Tagebuchaufzeichnungen über eine Reihe von Lektionen mit Alexander enthält.
W. Carrington: »The F. Matthias Alexander Technique: A Means of Understanding Man«, in: *Systematics*, Bd. 7, Nr. 1, 1. Dezember 1963
Eine ausgezeichnete kurze Einführung in die Technik.
W. Carrington: »Balance as a Function of Intelligence«, in: *Systematics,* Bd. 7, Nr. 4, März 1970
Eine Betrachtung von Alexanders Arbeit im Zusammenhang mit der Entwicklung des Menschen. Dies ist einer der besten Artikel über die Technik.
R. Dart: »The Attainment of Poise«, in: *South African Medical Journal*, Bd. 21 Februar 1947
Dart schrieb diesen Artikel, um Ärzten in Südafrika die Technik zu erklären; er schrieb auch Artikel über die AT für Physiotherapeuten und Zahnärzte.
R. Dart: *An Anatomist's Tribute to F. M. Alexander*, The Sheldrake Press, London, 1970. Eine Erörterung der anatomischen Forschungen, die Alexanders Werk bestätigen.
J. V. Fenton: *Choice of Habit*, Macdonald & Evans, London, 1973
Das einzige Buch über die praktische Anwendung der Technik in der Schule. Fenton legt Beweise vor für die Größe der Problematik des »Fehlgebrauchs« und bietet konkrete Lösungen an.
A. Huxley: *Ends and Means*, Chatto & Windus, London, 1940
In diesem Aufsatz zur Pädagogik ruft Huxley nach einer »praktischen Moral, die sich auf allen Ebenen, von der körperlichen bis zur intellektuellen, auswirken kann«, und er schlägt die AT als einen Weg vor, um dieses Ziel zu erreichen.
A. Huxley: »End-gaining and Means Whereby« in: *The Saturday Review of Literature*, Oktober 1941
A. Huxley: *Letters oft Aldous Huxley* (Hrsg.: Grover Smith), Chatto & Windus, London, 1969
Enthält zahlreiche verstreute Hinweise auf Alexander.
F. P. Jones: *Body Awareness in Action, A Study of the Alexander Technique*, Schocken Books, New York, 1976
Die bisher umfassendste Arbeit über die AT: Jones unterstreicht, indem er ihren therapeutischen Wert erörtert, ihre erzieherischen und moralischen Implikationen und legt dem Leser die Ergebnisse seiner wissenschaftlichen Untersuchung am Tufts Center für Experimentelle Psychologie, die Alexanders Erkenntnisse untermauern, vor.
F. P. Jones: *Select Papers of Frank Pierce Jones* (zusammengestellt von Richard Brown), Tufts University, Massachusetts, 1976
E. D. McCormack: *Frederick Matthias Alexander and John Dewey: A Neglected Influence*, Dissertation, University of Toronto, 1956
Der Verfasser legt dar, daß die Unterstützung, die Dewey Alexander

zukommen ließ, »seine tiefe Überzeugung widerspiegelte, daß Alexander recht hatte«, und daß die AT »das Versprechen und das Potential der inneren Ausrichtung in sich birgt, die für jede erzieherische Arbeit grundlegend ist«.

I. Tasker: »An Unrecognized Need in Education«, in: *South African Journal of Science*, Bd. 39, 1947
Eine gute Einführung in die AT, in der die Bedeutung einer Pädagogik hervorgehoben wird, welcher die Einheit von Geist und Körper und nicht das »Zielstreben« zugrundeliegt.

N. Tinbergen: »Ethology and Stress Disease«, in: *Science*, Bd. 185, Nr. 4145, 1974
In dieser Rede Tinbergens anläßlich der Entgegennahme des Nobelpreises beschreibt der Autor, welchen Gewinn er und seine Familie aus der AT gezogen haben. Auch rühmt er das wissenschaftliche Vorgehen Alexanders, das er heutigen Ethologen und Ärzten als nachahmenswert empfiehlt.

L. Westfeldt: *F. Matthias Alexander: The Man and his Work*, Associated Booksellers, Connecticut, 1964
Lulie Westfeldt war eine der ersten Schülerinnen Alexanders, die von ihm zu Lehrern der AT ausgebildet wurden. Dieses gewiß einzigartige und faszinierende Buch ist aber eher eine Autobiographie der Verfasserin.

II. Erziehung, Anatomie und verwandte Themenkreise

T. Buzan: *Use Your Head*, BBC Publications, London, 1976
Ein nützliches Buch, das eine Anzahl von Techniken für Lernen, Gedächtnistraining, Schnellesen und Notizenmachen zusammenstellt. Enthält ausgezeichnete praktische Übungen.

G. E. Coghill: *Anatomy and the Problem of Behaviour,* Cambridge University Press, 1949. Coghills Hauptwerk

J. Dewey: *Psychologische Grundfragen der Erziehung.* Der Mensch und sein Verhalten. Erfahrung und Erziehung. Ernst Reinhardt Verlag, München, 1974. In »Der Mensch und sein Verhalten« ist der Einfluß Alexanders in den Kapiteln über Gewohnheit unverkennbar. »Erfahrung und Erziehung« ist eine bündige Darlegung von Deweys Theorie der Erfahrung und ihrer Relevanz für seine Philosophie der Erziehung.

J. Dewey: *John Dewey on Education* (Hrsg. R. Archambault), Modern Library, New York, 1964
Eine Auswahl aus Deweys Schriften, darunter sein »pädagogisches Glaubensbekenntnis«.

J. Fagan und I. L. Shepherd (Hrsg.) *Gestalt Therapy Now*, Penguin Books, Harmondsworth, 1970
Eine Sammlung von Artikeln und Fallgeschichten von einundzwanzig Gestalt-Therapeuten.

M. Feldenkrais: *Body and Mature Behavior,* International Universities Press, New York, 1973

Eine Untersuchung der physiologischen Mechanismen hinter dem menschlichen »Anti-Schwerkraft-System« und ihrer Relation zum Funktionieren. Die Stärke des Buches liegt in der Darstellung des Problems; die angebotenen Lösungen befriedigen weniger.

E. Herrigel: *Zen in der Kunst des Bogenschießens*, mit einer Einleitung von D. T. Suzuki, Otto Wilhelm Barth Verlag, München 1985
Dieses wunderbare Buch schildert die Erfahrungen eines deutschen Professors, der sieben Jahre lang die Geheimnisse des Zen studierte. Herrigel erörtert die Idee des »Nicht-Tuns«, die Alexanders Konzept der Inhibition überraschend ähnlich ist.

J. Holt: *Freedom and Beyond*, Penguin Books, Harmondsworth, 1972
Holt argumentiert, daß echte pädagogische Freiheit eher ein innerer Zustand ist als ein bloß äußerliches Lockern von Zwängen; und er zeigt, wie diese innere Freiheit in der Schule erstickt wird.

J. Holt: *How Children Fail*, Penguin Books, Harmondsworth, 1974
Eine ungewöhnliche Sammlung von Beobachtungen und Einsichten in das heutige Schulwesen. Der Autor belegt, wie Furcht und »Zielstreben« das Erziehungssystem bestimmen.

J. Holt: *How Children Learn*, Penguin Books, Harmondsworth, 1975
Besonders wertvoll wegen seiner Einsichten in das kindliche Denken. Holt beschreibt seine eigenen Erfahrungen beim »Lernen, wie ein Kind zu denken«, und er fordert Erzieher und Psychologen auf, »den Kindern immer wieder zuzuschauen, mit Geduld und Respekt, und solange davon abzusehen, sich Theorien und Urteile über sie zu bilden, bis sich in ihrem Geist etwas gebildet hat, was den meisten fehlt: ein einigermaßen zutreffendes Bild der Kinder, wie sie wirklich sind«.

J. Holt: *Instead of Education*; Penguin Books, Harmondsworth, 1976
Ein bedeutendes Buch, in dem die Voraussetzungen, auf denen unser Erziehungssystem basiert, in Frage gestellt werden.

J. Liedloff: *Auf der Suche nach dem verlorenen Glück*. Gegen die Zerstörung unserer Glücksfähigkeit in der frühen Kindheit. Das Kontinuum-Konzept Ch. Beck'sche Verlagsbuchhandlung, München, 1984
Ein dringliches und sensitives Plädoyer für das »Nicht-Tun« in der Kindererziehung. Die Schwäche des Buches liegt im Fehlen praktischer Vorschläge.

A. Lowen: *Depression, unsere Zeitkrankheit*. Ursachen und Wege der Heilung Kösel-Verlag, München, 1984
Eine körperorientierte Analyse der Probleme der Depression. Lowen beschreibt einige einfache »bioenergetische Übungen zur Auflösung von Energieblockaden«. Das Buch verdeutlicht die Wichtigkeit des Körpers in der Psychotherapie.

G. Whatmore and D. Kohli: *The Physiotherapy and Treatment of Emotional Disorders*, Grune & Shalton, New York, 1974
Whatmore und Kohli haben eine »elektronische Alexander-Technik« entwickelt.

Abbildungsnachweis

S. 26 mit freundlicher Genehmigung von W. H. M. Carrington
S. 28 The Australian Information Service
S. 32 © Camera Press Ltd./Foto: Federico Garolla
S. 37 National Gallery, London
S. 37 Kunstmuseum Basel/Foto: Hans Hinz
S. 43 © Richard und Sally Greenhill
S. 47 Cyrus E. Dallin: Anbetung des Großen Geistes; mit freundlicher Genehmigung des Museum of Fine Arts, Boston (Geschenk von Peter C. Brooks und anderen)
S. 49 Sporting and Dramatic News
S. 51 © Richard und Sally Greenhill
S. 54 © Leni Riefenstahl
S. 58 © Marshall Cavendish Ltd./Foto: Roger Phillips
S. 70 Eamonn McCabe
S. 73 © Leni Riefenstahl
S. 74 Archäologisches Nationalmuseum, Athen
S. 77 © Vision International/Foto: Peter Johnson
S. 79 © Mike Davies Studios Ltd./Foto: Jesse Davis
S. 84 Michael Random
S. 90 Art Directors Photo Library
S. 92 © Marshall Cavendish Ltd./Foto: Roger Phillips
S. 127 © Richard und Sally Greenhill

Lehrer der Alexander-Technik

(Bei den folgenden Adressen erhalten Sie Auskunft darüber, wo ggf. der für Sie am besten zu erreichende Lehrer der Alexander-Technik praktiziert, und weitere, ausführliche Informationen.)

Deutschland: G.L.A.T. – Gesellschaft der Lehrer der F. M. Alexander-Technik e. V., 79020 Freiburg, Postfach 5312, Tel. (0761) 383357

Schweiz: SVLAT – Schweizerischer Verband der Lehrer der F. M. Alexander-Technik, 8032 Zürich, Apollostr. 8, Tel. 01 471373

Österreich: Michael Parkinson, Salesianergasse 15/12, A-1030 Wien, Tel. 7349605 (Vorw. der BRD: 004322)